U0004204

本刊文責一律由總編輯鄭南榕負責

——《自由時代》雜誌編輯室報告文選

鄭南榕

目錄

目錄中用星號★標示的四篇選文，為鄭南榕先生入獄期間所出版。

本刊文責一律由
總編輯鄭南榕負責

編輯室報告

一九八四年三月十二日星期一，以「為您爭取百分之百的言論自由」為目標的《自由時代》創刊號正式出版。封面人物是李敖，也是當時週刊的總監，社長是陳水扁，總編輯為鄭南榕。封底斗大的「爭取100%自由」標語首次出現，後來也成為雜誌的視覺特色。

在創刊號的「總編輯報告」中，鄭南榕以「言論自由第一優先」下標，表示「本刊將儘量擴大視野及觸角，致力於把這本週刊辦得真正像外國有名的新聞刊物，如TIME及NEWSWEEK那樣的綜合性及可讀性」。

總計三百零二期的時代週刊，經歷五年又八個月，登記了二十四張「出版事業登記證」，期間更換不同刊名，以應變數百次查禁。鄭南榕堅持以「合法」的方式出版，告訴臺灣民眾「作自己的主人」，也告訴政府「不要試探你的人民」。

鄭南榕在週刊開闢「時代觀點」專欄，刊登他對於國內外政治局勢的分析觀察，回望、反省臺灣當時社會現況，進而提出藍圖。這本選集，便是出自於此專欄。

在那個時代，鄭南榕觀察到政權與人民之間的敵我矛盾，便開始透過雜誌報導打破「蔣家神話」、鼓吹解嚴才能「免於蔣政權的軍特恐怖統治」；他意識到黨外運動的路線不一致，便在雜誌裡鼓勵黨外建立制度化的組織，「紮紮實實地從事草根性的組織工作，才能夠從廣大的群眾當中獲得實在而牢靠的支持」。

週刊的出版特性講究時效性，除了最新的政治時事，時代雜誌也談司法、談人權、談認同、談自決、談獨立，而其對當下政治時空精準犀利的批判力度，我們深信即便歷經數十載，對於身處此時現地的臺灣，期間不謀而合的「巧合」或說「偶然」令人玩味。

本書選文挑選準則：

- 呼應現代政治情勢之觀點。
- 體現鄭南榕對於身而為人的尊嚴之信念。
- 傳遞鄭南榕對於自由、人權、民主思想體系的切片。

以創意突破惡法查禁，以執著應對政府刁難。冷靜觀察、沉著分析，八零年代的話語，直通心臟。人類追求自由，從來不分時代。過去，我們嘗試說他的故事，這次，讓地表最強的總編輯「親口」和我們訴說，一個勇敢的人的樣貌。

鄭南榕文選

我們能為「反共義士」做什麼？

——第一件事是解除戒嚴

■鄭南榕　民主天地週刊第〇五六期（一九八五年四月一日）

我一直很注意看那些「駕機來歸」的反共義士的表情。他們剛開始露面的時候，眼睛放光，臉上快樂的神采，還算相當真誠。不過，我總不相信那是因為踏上自由之地，心中落實之後流露的喜悅。任何人降落臺灣之後到公開露面之前那一段祕密偵訊與坦白交待的日子裡，見識到國民黨的嘴臉，恐怕都難免覺得海峽上空的冒險，決定的有點魯莽。

如果他們在露面的時候，看起來還算快樂，或許是因爲接觸到臺灣老百姓，單純善良與關懷的眼神吧。

可惜，這些「義士」們的快樂，總是持續不了多久。在長期不斷地大作「反共秀」之後，他們的神采逐漸黯淡下去。作出笑臉的時候，嘴角的弧線也不太對勁。是不是因爲趕場忙碌，身心疲勞呢？不是，我直覺地認爲不是。我再注意看他們的眼睛，表情，動作；注意看他們在盛典的禮臺上，側身達官顯要之間……不，那不是「疲」態。

他們根本就是不快樂，他們在聚光燈下行禮如儀，看起來卻那麼茫然，那麼空洞。他們根本是閉明塞聰，把整個靈魂鎖在軀殼裡。這時候，我強烈地相信他們後悔了。他們在起飛之際，原以爲自己飛向白日青天，降落的時候，又以爲腳下是自由大地；誰曉得，海峽上空一段「迷航」之後，他們發現自己一頭栽進一個更窄小，更緊迫，更悶氣的籠子裡。

我總覺得，歷年來這些「投奔自由」的反共義士，是全臺灣最寂寞的人。我不相信國民黨會信任他們，會眞的「解放」他們，他們日漸消沉，他們心頭的懊惱遺憾，只要留在臺灣一天，他們是絕對不敢洩漏出去的了。

基本上，我們反對任何極權獨裁的統治，不管獨裁者是什麼黨。任何人唾棄極權獨裁，我們也都歡迎並支持。有些人指控「義士」們投奔自由，只是一趟「黃金之旅」。個人認爲這種嘲諷，實在有失厚道。我甚至不相信那些義士眞的能隨心支用那「五千兩黃金」。那只是個死戶頭罷了，黃金還是好好的鎖在國民黨的金庫裡。

人的自由權沒有種族、地域、黨派之分。作爲信仰民主自由的黨外人士，我們不能眞正作臺灣的主人，不能作自己的主人，不能保障自己免於國民黨的專制統治；甚至不能給唾棄共產黨投奔我們的「義士」，一片眞正自由的土地，我們又算得了什麼？

這幾天在韓國海面上又發生「疑似」投奔自由的事件。國民黨也照例聲嘶力竭的大喊口號。至於黨外呢?讓我們藉此冷靜反省一下,在我們的土地上,我們爲自己,爲同胞,甚至這些「反共義士」的「人權」與「自由」,還能作些什麼?

這些「反共義士」其實是從沒有「戒嚴四十年」的地方來投奔自由,然而「自由」的臺灣卻是戒嚴令橫行四十年而不解除的島嶼。我認爲,我們能作、應作的第一件事就是——解除戒嚴。

你不可殺人！

——「生命權」是第一人權

■鄭南榕　民主天地週刊第〇五八期（一九八五年四月十五日）

江南命案[1]的涉案人從陳啟禮[2]、吳敦到汪希苓等人，都以殺氣騰騰的「忠黨愛國」作爲殺人的正當理由。這種論調居然也有社會大眾隨聲附和，令人油然而生悚慄之感，似乎國民黨治下的臺灣已倒退到原始的蠻荒世界。

我們不得不從文明人的角度來破解這個「迷障」。

在文明世界裡，我們必須先肯定人的「生命權」。在現代人權觀念裡，「生命」是我們全力維護的「第一人權」。這是一個不可破壞的道德原則，個人的生命絕對不容他人或「國家」任意加以「終止」。這是人類生存得以延續，社會文明得以維持的開端。

我們也必須檢視個人和國家的關係。在現代的人文精神裡，「人是萬物的權衡」，人是一切文明活動的目的，國家只是爲人民提供服務的手段或工具而已。

此外還必須辨明動機與行爲的分際。自古以來，道德原則是只要實踐即可，不必論及動機。孟子說：「自反而縮，雖千萬人吾往矣！」這句話是指反省自己的「行爲」有沒有合乎道德原則，而不是「動機」有沒有合乎道德原則，人是以行爲或實踐來考量其德行。「動機」的對錯，在人間倫理上毫不相干。

以上這些理念是現代人類的基本信念，然而國民黨這個來自蠻荒的軍國主義政權，卻完全扭曲了臺灣人民作「人」的基本價值體系。陳啟禮等人行兇殺人，恰好爲這個政權提供一個血淋淋的註解。細查竹聯幫的諸多堂主，有許多人是陸軍官校正期畢業，服役多年的人物。他們在軍隊裡被灌輸了滿腦子「忠黨愛國」思想；學會了只要「動機」純正，行事就可以「便宜」的心態。他們在心理上已經退化成獨裁統治者的「工具」，忘記人間文明還有更基本更重要的價值。一旦忘了這些文明的基本價值則其「異於禽獸者幾稀」。

「你不可殺人」

這是作人最基本的道德原則，不容以「動機」來扭曲。無論是用「忠黨愛國」，「效忠領袖」，「殺敵鋤奸」作藉口扭曲它，就是混亂了人類這個最基本的道德原則。

人的生命權必須受到絕對的尊重。國民黨這個軍國主義政權，已經嚴重到使用「率獸食人」的手段，摧毀了我們「作人」的價值系統。他們以國家的名義，行其一家一黨之私，泯滅臺灣人民的良知。這是江南命案發生以來，最令人切齒痛恨的事。四十年來整整一個世代的野蠻化，眞可能使我們這一代成爲全人類文明人的笑柄。敬請大家重新檢討我們的「思想教育」。把人文精神復活過來，摒棄「忠黨愛國」、「效忠領袖」、「動機純正」等的說法，讓臺灣重新成爲一個文明社會吧！

1 又稱「劉宜良命案」。1984年，中華民國國防部情報局指使黑道分子於美國舊金山刺殺筆名「江南」的華裔美籍作家劉宜良。

2 1941—2007，竹聯幫首任總堂主，爲江南案行兇者。

國民黨，不要試探你的人民！

■鄭南榕　民主天地週刊第〇六一期（一九八五年五月十三日）

動不動就要逼人在好漢和懦夫之間作選擇，是小流氓的行徑。如果一個政權也喜歡這樣和人民作對，他的格調也就與小流氓差不了多少。

更進一步說，當社會愈來愈開化，人民愈來愈文明的時候，統治者用高壓的手段來懾服人民的機會就愈來愈小。三十八年前二二八事件大屠殺，曾使臺灣人民懾服了三十年；然而接下來的美麗島事件大逮捕，難道國民黨認爲還可以比照二二八事件，再「享用餘福」三十年嗎？

「不要試探你的人民」這是我們送給現代獨裁者的警語。

然而國民黨卻是不斷在「考驗」臺灣人民的耐性和勇氣、並且不斷昇高挑釁的層次和鎮壓的手段。以近日國民黨對付黨外雜誌爲例，他們從「事後查禁」，到「事先查扣」，現在又昇高到全天候監視各書報攤，甚至強行闖入雜誌社和編聯會[3]。但是這一連串逼入牆角的動作，適足以顯示它在十信案[4]和江南案之後的心虛，表明了國民黨企圖藉著整肅黨外來重建威信。

或許有很多人因爲國民黨的高姿態而感到恐慌，然而我們要指出，當前的國民黨，在國際上正因江南謀殺案而聲名狼籍，在經濟上正因投資意願低落、產業競爭能力衰頹而進退維谷；當前的國民黨，即使爲了維護蔣家第三代的利益，也不敢悍然興建核四廠；即使爲了維護大資本家的利益，也不能抗拒人民要求電器、汽車降價的壓力。當前的國民黨，他的聲望在國際和國內都跌入谷底；他的手段，無論對政治或經濟事務，都前後失據。當前的國民黨已目顧不暇，無能自求多福。

無論國民黨如何作怪，現在的社會，已經不是統治者橫行無忌的時候了。當前的時勢與民情，都不再容許統治者肆無忌憚的作風。尤其在年底選舉將屆，政治熱潮即將勃然而起之際。

五月七日，爲了警察和文化小組強行闖進雜誌社，逕行搜索的暴行，由「黨外作家編輯聯誼會」發動，會同各黨外雜誌社，到立法院、監察院和市議會請願，就是一個例子。國民黨搶進我們家裡，我們就只好強上街頭。國民黨踐踏我們作「人」的尊嚴；我們就只好克服「動物」逃生的本能，不再怕死、不再懾服、鼎力來和他對抗。

3 全名「黨外作家編輯聯誼會」。1983年來自全臺一百多位黨外編輯及作家參加，黨外進入組織化階段。

4 1985年，「臺北市第十信用合作社」負責人蔡辰洋超貸、背信、侵占、僞造文書案，造成擠兌潮並有受害者五千餘名，留下新臺幣一百五十億元債務。

槍口之下，我們依然爭取100%的言論自由

■鄭南榕　民主天地週刊第〇八八期（一九八五年九月二十一日）

政治鬥爭自來就沒有尺度。

國民黨從大清國末年「遂行叛亂」以來，一路鬥滿洲人、鬥中國人，到現在鬥臺灣人，個個時代都是靠謀殺、刑求、監禁等野蠻手段起家。

上週六本社第一部運書專車在高速公路收費站被公路警察截下，第二部運書專車在臺中被便衣人員攔截並拔槍威嚇本社發行員工。消息傳來我們員工沒有人大驚小怪。半年以來，國民黨早已派兵進駐臺灣各大小書報攤，查扣、沒收的大小戰役，每天不斷。如今拔槍相向，以這麼「坦率」的暴力壓迫反對黨的文字工作者，正是國民黨自己明白向世人宣示，他從事「沒有尺度的政治鬥爭」的黨性，是數十年如一日。看他們不惜殺江南、搶雜誌來「鞏固領導中心」，更是證明國民黨的政治鬥爭是「沒有尺度」的。

面對這樣野蠻的鬥爭對手，本刊在創刊伊始，就在封底明白寫下我們的鬥爭綱領——爭取百分之百的言論自由。這是一個民主社會的「充分且必要」條件，也是歷年來黨外人士奮鬥的一個目標。然而就在本刊員工被蔣家的官兵「拔槍劫持」之前，卻另有幾家「黨外」雜誌社的代表，接受蔣家「文化警察」的邀宴，並向他們乞求將束縛言論自由的手段加以制度化，好教黨外有「尺度」可循。

這使我們不得不再向這批「黨外人士」指出：

言論自由絕不可以用政治尺度來束縛。

面對像蔣家這種沒有尺度、謀殺、刑求、監禁，無所不爲，把人民當作敵人的統治者，任何一個有尊嚴的人都不應該同他們妥協。更不可以搖尾乞憐向他們討求一個拿來束縛自己的「準繩」。

我們要的是徹頭徹尾、不折不扣的自由。

不論他們拔槍之後，何時開火，我們總要周旋到底，爭取百分之百的自由。

投票給黨外，逼他組新黨

■鄭南榕　民主天地週刊第〇九五期（一九八五年十一月十一日）

本刊自去年三月十二日創刊以來，到本期為止，實銷數量已經超過一百萬本。在短短二十個月內，我們「自由時代系列」，歷經《自由時代週刊》、《先鋒時代週刊》、《民主時代週刊》、《開拓週刊》、《發展週刊》、《發揚週刊》以及《民主天地週刊》七種名稱與執照，到本期為止發行總號是第九十五號。

除了實銷數量一百萬本以外，我們雜誌被查禁、查扣、扣押、沒收的數量，也是將近一百萬本。這是現階段難以避免的「職業災害」，但是也證明我們善盡自己標示「爭取百分之百的言論自由」的責任。

因爲查禁雷厲風行，我們自從今年四月二十五日以來，累積的虧損已達新臺幣三百萬元。這種財務上的壓力，正是國民黨當局的「查禁政策」所要達成的目標。

本人自從創辦雜誌以來，一心一意「爭取百分之百的言論自由」。縱觀本社九十五期一百萬本的讀者，一定都能體會我們的言論及新聞報導都是力爭「百分之百」的尺度。我個人財務上的損失只是小事，「爭取言論自由」才是大事。這件大事我們雜誌社義不容辭的當然要爭取、要辦得到。

相對於我們黨外雜誌的「爭取言論自由」，我們期望黨外「公職人員」要爭取「百分之百的結社自由」。

「一九八五黨外選舉後援會」的章程與誓詞當中，都規定被推薦的黨外候選人「黨外成立政黨時，願意參加爲新黨黨員[5]」。這一條文沒有指明何時「組黨」，也沒有說明成立何種體質的政黨。

讀者購買我們雜誌，我們保持了「爭取百分之百言論自由」的承諾。今年選舉，黨外後援會推薦的候選人都誓言「參加爲新黨黨員」。當你投票給他們之後，不要忘了要他們組織新黨！

5 此處指民進黨。

請支持小人物

■鄭南榕　先鋒時代週刊第〇九七期（一九八五年十二月二日）

創刊九十七期以來，我們用蔣經國做了十九次封面人物，用蔣孝武做了八次封面人物，用蔣孝勇做了一次封面，用孝嚴兄弟做了兩次封面人物，用蔣介石做了三次封面人物，用蔣緯國做了四次封面人物。

檢視一年半來「爲你爭取百分之百的言論自由」的創刊宗旨，我們一方面毫不妄自菲薄，欣喜已打破臺灣四十年蔣家政權的神話；另一方面我們卻不得不擔憂：蔣家的「票房保證」，是否已將黨外雜誌完全引入「市場導向」？

大部分的黨外人士都知道，頭銜和知名度是和國民黨鬥爭時的最大籌碼。你越「大尾」，越「中央」，知名度越響，國民黨越不敢動你。眞正冒身家生命危險的，反而是默默無名的地方黨工。當海內外急切的關注美麗島事件[6]、林宅血案[7]、蓬萊島案[8]、陳水扁事件時，我們幾乎從沒聽說有哪幾位小兄弟那麼偷偷的被逮捕、偷偷的被審判、那麼默默的蹲在黑牢裡。

自從中壢事件[9]讓國民黨狠狠的丟了老臉之後，國民黨一直伺機要好好辦個選舉案子，以收殺雞儆猴之效。這次選舉舞弊糾紛四處發生，國民黨決定拿陳文輝開刀，無非是基於上述心理：柿子揀軟的吃。

陳文輝[10]沒有任何公職身分，沒有群眾基礎，甚至沒有什麼知名度，但是他多次義助施性忠，總是那麼一馬當先。國民黨抓他，既可警告黨外，又可免於壓力。但是，我們不能讓國民黨就此得逞！

在艱辛坎坷的民主道路上，我們一方面要嚴密的監視黨外巨頭的言行舉止；另一方面我們更要細密的支持那些名氣不大、奉獻卻不小的地方黨工，陳文輝就是這樣一個人。

用陳文輝這樣一個全臺灣沒有多少人認識的人做封面人物，在國民黨中興專案帶來的三百萬元累積虧損的財務壓力下，拿陳文輝這樣一個不具「票房價值」的人做封面人物，一定會被一些發黨外財的人笑話，但是我們堅持這麼做。

假如我們不能一蹴而得民主，我們至少可以先追求公義和人道。

6 1979 年十二月十日，美麗島雜誌社成員爲主的黨外人士在高雄遊行和演講，要求解除黨禁和戒嚴，當時警方投擲催淚彈並以鎮暴部隊包圍集會群眾。而後臺灣警備總司令部大舉採取逮捕行動，1980 年三月美麗島大審，總指揮施明德在國際壓力下由死刑改判無期徒刑，黃信介、林義雄、陳菊、呂秀蓮、姚嘉文、張俊宏皆爲有期徒刑。

7 1980年二月二十八日美麗島大審前，林義雄的母親游阿妹和雙胞胎女兒林亮均、林亭均在家中被刺殺身亡，案件調查擱置許久尚未破案，2018年促進轉型正義委員會重啟調查中。

8 1984年，時任臺北市議員的陳水扁亦擔任《蓬萊島雜誌》社長，六月出刊內容提及馮滬祥論文有抄襲之嫌，馮控告《蓬萊島雜誌》誹謗，陳水扁與發行人黃天福、總編輯李逸洋各被判八個月徒刑。

9 1977年，民眾抗議國民黨在桃園縣長選舉作票，過程中警方發射催淚彈並開槍射殺青年。

10 陳文輝（1943–）臺灣苗栗人，早年經商，八〇年代積極參與黨外運動並投入地方選舉，均告落選。直至1995年當選第三屆立法委員。

戒嚴就是軍事統治

——第三十八個戒嚴的年頭

■鄭南榕　先鋒時代週刊第一〇二期（一九八六年一月六日）

戒嚴法第七條：

戒嚴時期，接戰地域內地方行政事務及司法事務，移歸該地最高司令官掌管，其地方行政官及司法官應受該地最高司令官之指揮。

戒嚴法第十一條：

戒嚴地域內，最高司令官有執行左列事項之權：

一、得停止集會結社及遊行請願，並取締言論、講學、新聞雜誌、圖畫、告白、標語暨其他出版物之認爲與軍事有妨害者。上述集會結社及遊行請願，必要時並得解散之。

二、得限制或禁止人民之宗教活動有礙治安者。

三、對於人民罷市、罷工、罷課及其他罷業，得禁止及強制其回復原狀。

四、得拆閱郵信電報，必要時並得扣留或沒收之。

……………………

在第三十八個戒嚴的年頭開始的時候，讓我們再溫習戒嚴法。戒嚴是不折不扣的軍事統治。蔣經國雖然矢口否認軍事統治臺灣，但是不必相信他的話。三十八個年頭以來，蔣家政權又何嘗不是建立在槍炮、刑具、鎮暴車的恐怖陰影上面。這是十足的軍事統治，是最沒有人道的那一種。

而我們卻任它耀武揚威地進入第三十八個年頭。

如今，蔣經國只是個顫顫危危的老頭，而他一家子的神祕與恐怖，一年多來也被揭得精光。大家都知道蔣孝武涉嫌教唆殺害江南，而蔣緯國則公開承認他是戴傳賢的兒子。至於蔣經國，由於他的傳記已經廣泛流傳。他這個做過共產黨、做過特務，歷經一連串流血鬥爭而後竄起的一生，更是家喻戶曉。這樣一個惡名昭彰的家族，憑什麼要繼續第三十八個戒嚴的年頭。

倘若我們從美麗島事件算起，到現在也滿六年了。當時黨外從灰燼中奮起，多少人熱血沸騰，意志昂揚的宣稱要在這六年內重起爐灶，組織新黨，如今也到了兌現的時日。甚至本刊，播了一百又兩期的言論自由的種子，也該到了能夠以行動收割的日子。

一九八六年，臺灣戒嚴第三十八年，我們絕不能輕輕放過。

挺身而出，才能使獨裁者無膽施暴

■鄭南榕　民主時代週刊第一一二期（一九八六年三月二十四日）

前不久和幾位學政治的外籍研究生聊天，當我指出蔣政權是個「極權」獨裁者—TOTALITARIAN DICTACTORSHIP—的時候，他們大都不以為然，認為蔣家頂多只是個「威權」政體—AUTHORITARIAN REGIME—罷了。那種口氣，似乎臺灣人所受的折磨，還不算痛楚入骨。

對蔣政權的行徑作出這種評價，當然立刻引起我情緒上的不滿。尤其多年來，我們不斷地爭取人權，一直對於政治迫害十分敏感。何況有太多次，我們深切地體驗親朋好友直接遭受迫害的痛苦。

然而這種對蔣政權的「低估」，在冷靜考量之後，又確實是十分中肯，尤其我們從「比較」的觀點來看的話。

政權權力並不是神祕抽象的神話，事實上它透過各種符號、儀式、甚至人物而變得十分具體。警察、官吏、鎮暴車在在都令一般市井小民發毛。然而比較起來，這幾年來大家看多了這些場面，蔣政權即使擺出不惜動用「制式暴力」的高姿態，許多人還是老神在在。簡單的說，蔣政權愈來愈不敢輕易下手「制裁」，如果他們只是擺個樣子，也更愈來愈唬不了人。很明顯，蔣政權的威勢，在一般人心目中，正在「式微」。在某些「政治地位」較不敏感的次級結構，更經常遭遇到人民自覺性、自發性的集體對抗。蔣家的「極權」程度，比起從前，確實黯淡了許多。

從時間序列上來看是這樣。從橫剖面去看，蔣家的狠惡，比起當前其他開發中國家惡名昭彰的例子，也遜色了。當菲律賓人傾覆馬可仕[11]王朝之後，不論蔣政權如何故作鎮定，他們也一定被那些飽受鼓舞的，灼灼閃爍的眼光所射傷。多年前黨外人士戲稱蔣政權「民主無量，獨裁無膽」的話，正好反映出當前臺灣民眾虎視眈眈，而蔣政權進退維谷的尷尬處境。

更深入說，這個日漸羸弱的政權，已迫臨本身權力結構劇烈變動的危機時刻，隨時隨地可能跟著它的主子一起送進加護病房。這種已入膏肓的病態又因外交局勢的風強雨驟而更加慘重。在菲律賓革命[12]成功之後，又加之以南韓反對黨的修憲運動，益發引起世人強烈關切亞洲各專制國家的動向，而各國際傳播媒體也更傾力打擊獨裁者，鼓舞了反對派的士氣。

事實上，當統治者無所施其爪牙之際，這正是臺灣人民挺身而出的關鍵時機。只有人民的挺身而出，才能使獨裁者無膽施展其暴力。

11 斐迪南・馬可仕（Ferdinand Marcos，1979—1989），獨裁統治菲律賓長達二十年，涉及暗殺反對派領袖艾奎諾，以選舉舞弊連任並於七〇年代戒嚴，其家族斂財超過十億美元。

12 指 1986 年由反對黨領袖柯拉蓉・艾奎諾（Maria Corazon Cojuangco Aquino）所領導的推翻馬可仕政權。

自決是中臺和平相處的起點

■鄭南榕　民主時代週刊第一一三期（一九八六年三月三十一日）

去年五月，國民黨中央黨部祕書長馬樹禮的祕密之旅，和今年初蔣孝武出駐新加坡，在在都顯示蔣政權和北京政權勾搭，擅自決定臺灣前途的企圖。

近來又有臺籍人士黃順興、張春男等人前往中國北京，使得中臺關係的話題，在中國統戰手段層出不窮的日子裡，更加引起我們的注意。

一般的臺灣人對於中臺關係這個敏感的話題，多半是懵懵懂懂，視為禁忌而又充滿「無力感」。至於持各種意識型態的各派人士，也只能關著門引經據典，為分離或統一的個別立場陳述其利害之見。同時間裡，民間暗中進行的轉口貿易、通訊、旅行及訪問的活動，卻是絡繹不絕。種種現象顯示，中臺之間的關係，已經是我們每個人都必須正視的、迫在眼前的課題。

這個課題，是臺灣和中國的課題，絕不是國民黨和中國共產黨的課題。即使國民黨以其恐怖手段在臺灣維持有效統治，然而臺灣人絕不會承認自己是蔣家拿在手中與中國勾搭的籌碼。蔣政權把臺灣搞得在國際社會中幾乎毫無立足之地，只是更加證明它是一個日益萎縮的、日益衰頽的末代王朝，不能合法地代表臺灣人，也沒有資格為臺灣謀出路。

在臺灣人民自決的路上，對內收回「主權者」的地位是這一代人的第一要務。然後我們才得以談到恢復臺灣在國際社會上的自主地位，並進而規劃未來的中臺關係。

在談論中臺關係之際，我們最大的資產，或是負債，都取決於臺灣人自已的態度。在這裡我們必須指出一個蔣政權多年來刻意塑造的「恐共症」。這個深植人心的病根，使臺灣人在面對強大的中國時，一再的畏縮。但是臺灣人民自己多年來經營的實力，早已不是任何世界霸權所能輕易吞滅的。臺灣人應該明白的是，分離固然要我們付出代價，然而這個代價比起中國阻止臺灣分離絕對小得多。中國想收服臺灣，納入其「藍螞蟻系統」[13]，作其邊陲的順民，必須付出更大的代價。除非臺灣人民全是懦種，否則這種代價，北京政府絕對付不起。

「正常」的中臺關係，只有在雙方人民以平等與和平的地位相對待時，才可能存在。因為分離是事實，而和平則是人類共同的希望。換句話說，從自決出發，建立中臺之間和平的關係，絕不是任何武斷的民族主義或社會主義等等意識型態，及其他種種虛矯的藉口所能阻撓的。

不論是蔣家也罷，是惑於世界霸權之中國的臺灣人民也罷，他們都不能代表臺灣。臺灣就是這麼大，就這麼多人，這是我們的所有，我們必得先肯定這個事實，並掌握這個實體，那麼臺灣人民才能重建國格，恢復國際身分，並向全世界推展平等與和平的關係。

13 「藍螞蟻」應指廣大的中國人民。法國記者 Robert Guillain（1908–1998）於 1957 年出版《The Blue Ants: 600 Million Chinese Under the Red Flag》書中的比喻，指出文革期間中國民眾服裝一致，大都爲藍、綠及灰色。

監牢不是民主運動的終點

■本社　開拓時代週刊第一二九期（一九八六年七月二十一日）

「你們今天審判我，就是審判新聞自由。」

七月七日上午，在臺北地方法院庭上，鄭南榕就是這樣告訴審判長。而今天合議庭判他有罪[14]，也就是國民黨當局判決臺灣人民行使新聞自由權有罪。

這樣的結果，我們一點都不訝異。因爲新聞自由，如同其他基本人權，是這個島上的住民，數代以來一直不停極力爭取的權利。在這個目標沒有達到以前，臺灣人民終將繼續奮鬥下去。在前輩與來者之間，鄭南榕的事件，是又一個里程碑。

在辯論庭上，鄭南榕明白揭示，在追求百分之百新聞自由的路上，要作到「富貴不能淫，威武不能屈」。而這正是他和他的同仁、同志一貫稟持的信念。就像那幾位借出他們的大學畢業證書，以供雜誌社申請出版執照，而慷慨承擔政治風險的朋友；以及執筆採訪寫作，在第一線上爲言論自由作尖兵的同仁同志。有這麼多人同心同德，即使把鄭南榕下獄，又何嘗能封鎖臺灣人民追求新聞自由的腳步。

事實上，這樣的判決，無論是表面上掛著「意圖使他人不當選」的罪名，或是骨子裡在嚇止類似「五一九綠色行動[15]」，和加入「臺灣民主黨[16]」的行爲，都只是再一次暴露整個國民黨統治的體制，是在與人民爲敵，是在阻止島上人民追求現代社會的基本人權。即使是號稱

「正義的最後防線」的司法系統，從拘提到審判到判決的過程，在在都只顯出黨意的操縱，而毫無尋找眞象，還以公道的痕跡。對長久以來類似現象一再的重演，我們也實在不想再多說什麼。

我們要強調的，也是以往的前輩一再強調的，監牢不是終點，只是一個註腳，證明在這兒我們遭到一點挫折。然而在牢外的人不會就這樣停下來。尤其我們仍然有那麼多同仁、同志、和關心奔走的朋友。在這裡我們要特別感謝這麼多人在這些年來與我們一起携手同行。也要感謝大家對這個案件，對鄭南榕個人，和對時代雜誌社的關心。更要感謝王鎮輝先生，他因爲挺身作發行人的義舉而受難，相信他的親友都和我們一樣以他爲榮。

鄭南榕的妻子葉菊蘭暨民主時代週刊社全體同仁

14 1985 年黨外人士張德銘控告鄭南榕違反選舉罷免法，1986 年六月鄭被拘提入獄，至 1987 年一月出獄。

15 「臺灣省戒嚴令」自 1949 年五月十九日起實施，鄭南榕因而推動五一九綠色行動來要求政府解嚴。

16 指許信良等人於 1986 年五月在美國紐約市成立之「臺灣民主黨建黨委員會」，鄭南榕唯一申請加入過之政黨。

鎮暴啟示錄

■本社　開拓時代週刊第一三五期（一九八六年九月一日）

八月十二、十三、十四日，連續三天，蔣政權發動大批軍、特、憲、警，趁著夜闌人靜的時機，在臺北市內舉行大規模的鎮暴演習。

在這三場演習中，蔣政權除了排練臺灣人民習見的警察人牆外，還擺出更具恫嚇力甚至殺傷力的鎮暴隊形。同時，臺灣人民更見識到了蔣政權準備用來對付「同胞」的各種器材：鎮暴車、電網車、燈光車、噴水車、盾牌、長警棍、電棍、瓦斯槍、卡賓槍、M十六步槍等等。

蔣政權爲什麼要舉行這幾場演習？答案很簡單。因爲蔣政權是建立在戒嚴體制的基礎之上。所謂戒嚴，就是人民的基本權利大部分都被剝奪掉。人民即使執行憲法所賦予的權利，如聚會、遊行等等，也會招引來大批的軍、特、憲、警。因此，戒嚴體制根本就是鎭暴體制。蔣政權舉行鎭暴演習何稀奇之有？它不舉行鎭暴演習才是怪事呢！

其次就時機來說，最近黨外人士不斷揚言要組黨。恰巧一些開明派的美國政界人士紛紛來臺，對蔣政權施壓，要它解嚴並開放黨禁。

美國人的壓力給蔣政權帶來相當程度的困擾。但政治問題未嘗不能用經濟手段來解決。蔣政權的赴美採購團又已整裝待發：美國人的壓力可盼減弱。於是蔣政權舉行演習，表明它繼續戒嚴的決心。

最近幾年，蔣政權數次在臺灣「鎮暴」，都只動用到警察。每次警察結成人牆向黨外群眾進逼時，群眾都立即潰散。這樣的黨外及群眾，蔣政權根本就不必小題大作，搬出軍憲和比警棍更有威力的器械！

在組黨時機日益接近的今天，黨外如果連女警的人牆都無法突破，又如何能夠從蔣政權那兒討回臺灣人民應有的權利呢？

長久以來，黨外所能動員的，始終是一些散渙如沙的群眾。而這些群眾所能給予黨外的，除了百分之三十的選票外，就只剩演講臺下的掌聲了。即使蔣政權不將它的鎮暴法寶搬出來，只要時間一到，這群人還是會一哄而散，各自回家睡覺。

基於這個理由，黨外應該紮紮實實地從事草根性的組織工作，才能夠從廣大的群眾當中獲得實在而牢靠的支持，也才能逼得國民黨因爲厲害的鎮暴一樣一樣的失靈，而不得不對臺灣人民作具有實質意義的讓步。

在尚未達到這個境地以前，即使蔣政權突然大發慈悲，恩准臺灣人民組織新黨，我們也可以百分之百的斷言，這種新黨必然是另一支混淆視聽的廁所花瓶，對臺灣人民的福祉只有害處，毫無好處！

解散警總才算解嚴

■本社　開拓時代週刊第一四三期（一九八六年十月二十七日）

解除戒嚴的實質意義，在於使臺灣人民免於蔣政權的軍特恐怖統治。至少，我們要看到警備總部撤消，才有可能除去該政權與人民之間的敵我矛盾。

戒嚴的實施當然不只倚仗警備總部，但是我們不能不承認「警備總部」這四個字，比「虎姑婆」還可怕，足以「止小兒夜啼」，代表著蔣政權無孔不入的極權統治力。這個機關不除去，所謂解嚴，只能博得雷根政權在華盛頓發出的，稀稀落落的掌聲。而臺灣人民，將依舊視蔣政權爲獨裁者。

警備總部的勢力確實是無孔不入。他們像一群沒有臉孔的人，既不是我們的鄰居，也沒有人交過這種朋友。然而假使你在沙灘上走得遠一點，冷不防從岸邊的林子裡殺出兩條狗來，嚇得你沒命的跑，那狗就是警總的海防部隊養的，放狗咬你的就是警備總部。你走在街上，想要買一本《時代週刊》，報攤老板卻躡手躡腳的四下張望，好像你要買的是鴉片一般的毒品。隨著老板閃爍的目光看去，不遠處那個咬著檳榔、剃平頭的精壯小子，也是領警總薪水，來盯著報攤的。他們爲了制止黨外書刊的傳播，到處派人盯梢，據估計，單單臺北市一地，每個月就要花費新臺幣三百萬元。你去聽演講，聽政見，對街樓上明顯的架著一具錄影機，你的四周黑影重重，這些人也都受警備總部的指揮。你告誡幾位大嘴巴的朋友，求他們在電話裡，在通信中都「莫談國是」，因爲你知道警備總部隨時有可能偷聽你的電話、偷拆你的信。甚至於，不論你年紀多大，你都一定聽說過，某人因爲「思想」問題，突然消失了。一時之間，親友鄰里個個噤若寒蟬。那個突然消失了的人，多半已經陷入警備總部保安處的地牢裡。

這麼多數不清的陰影在每個人身邊漂浮不去，難怪那麼多人對臺灣毫不留戀，一出國就非要拿到綠卡不可。這樣恐怖的機關不除去，還算解什麼鳥嚴！

在催迫蔣政權實質解除戒嚴上面，新黨無疑要扮演一個最吃重的角色。我們所期待於新黨的，就是有效動員臺灣人民，將力量凝聚起來，向蔣政權爭取百分之百的自決權。有實質意義的解嚴，是臺灣人民「出頭天」的開端。也將是新黨面臨的第一個課題。

泱泱大國的自決風範

■本社　開拓時代週刊第一四六期（一九八六年十一月十七日）

「中國國民黨」的法西斯極權統治，和「中國共產黨」的無產階級專政，事實上一胞雙胎，都是不折不扣的對被統治者遂行血腥鎮壓與恐怖統治。尤其相同的是，他們都把臺灣懸為禁臠，不容他人——甚至不容臺灣人民——染指。對於「臺灣住民自決」的呼籲，這兩個黨一貫地「隔海唱和」，咸表反對。

說起來也難怪，臺灣物產富饒，民多溫順，數十年來習為俎上肉，對任何宰割從無怨言；又熟諳妾婦之道，對歷朝主子，無不服侍得熨熨貼貼。不要說他中國兩大政黨，其實不論諸夷列強，誰人對臺灣不是我見猶憐，垂涎三尺。

只可惜臺灣人的心智雖遭多年禁錮，畢竟一點靈明不滅；雖然柔弱嬌怯，畢竟是帶刺的。就靠這一脈薪火的傳承，臺灣的反對運動連綿不絕，繼而成長茁壯，終至公然向世人表明她自決的堅定主張。

臺灣的主權屬於臺灣全體住民，理當由臺灣人民自行治理，並與世界各國發展和平友好的關係。這便是自決的眞諦，是放諸文明世界而皆準的道理。以臺灣今日之物阜民強，早已是舉世泱泱大國，豈有再向中國搖尾乞憐，求為內寵之理。

更進一步說，致使今日臺灣在國際間的地位，不能充分反映其社經實力的原因，只在於國民黨蔣家王朝。這一個統治集團的荒謬，早已成為世人的笑柄，連帶使得臺灣人民在國際上飽受奚落。深入瞭解箇中原委之後，臺灣人民應更深知擺脫中國共產黨，擺脫中國國民黨，展現在面前的，是一片開濶廣袤，任我遨遊的自由天地。

想一想，哪有一個臺灣人不贊成自決——百分之百的自決。

那些正想要以帝國主義殖民者的心態君臨臺灣的，管它什麼國什麼黨，通通站到一邊去。

臺灣人民既然已有了自己的黨，有機會重新認識自己，肯定自己，那麼自決是必然之道。

那些殖民者心中想要染指臺灣的黑暗念頭，只不過是風中的塵埃而已。

到總統府使行憲法權

■鄭南榕　自由時代週刊第一六五期（一九八七年三月三十日）

去年的「五一九綠色行動」，由於國民黨調動大批警力，封鎖艋舺龍山寺四周所有的道路，以致原訂「到總統府抗議戒嚴」的遊行示威活動無法展開。今年，「五一九綠色行動本部」再接再厲，將於四月十九日上午在總統府定點集合，反對國民黨制訂國安法。

不少人問：爲什麼要到總統府示威？對這個問題，我要反問：爲什麼不？國民黨既然自稱實施民主政治，則根據民主政治三權分立的原則，總統府和立法院及最高法院是平起平坐，不分上下的。人民既然可以在立法院及最高法院的大門口進行憲法中明文保障的和平示威活動，自然也可以在總統府前面進行示威！

除了上述民主理念上的理由外，還有政治現實上的理由也要求我們這麼做。

國民黨得以一黨一姓包辦臺灣政治四十年，除了靠著反民主、反憲法的臨時條款體制，更是靠著臺灣人民的政治恐懼感、政治無力感以及政治冷感。而總統府這棟建築物正是這種種政治病態的象徵。

總統府原本是日本殖民時代，總督府的所在地——是一個冷酷政權的象徵。一九四九年，國民黨政權全面撤退來臺，以這棟建築物爲總統府，展開其長達近四十年[17]的戒嚴統治——再度成爲冷酷政權的象徵。

由於上述種種，總統府早已在臺灣人民的心目中，成爲一個可怕的政治禁地——方圓寸地之內不准人民自由進入示威請願及集會——和中國帝制時代的紫禁城沒有多大的不同。

今天，社會日漸多元化，人民主權意識日漸甦醒，國民黨政權的控制力日漸萎縮——我們已經處在臺灣政治轉型的關鍵時刻。這時，回顧歷史，我們發現，臺灣人民要眞正戰勝國民黨政權，逼迫它廢除臨時條款體制，回歸百分之百的憲政，就必須先戰勝自己，克服自己的政治恐懼感、政治無力感和政治冷感，最簡單的步驟就是向總統府這棟建築物所代表的高壓權威挑戰。

因此，爲了臺灣的民主前途，請您與我們一起到總統府去示威——去實踐我們的憲法權利！

17 戒嚴時期始於 1949 年，結束於 1987 年，實爲三十八年兩個月。

示威是人民的自然權利

■鄭南榕　自由時代週刊第一六八期（一九八七年四月二十日）

一個多月來，國民黨爲徹底阻止示威總統府的行動，除了放出「博愛特區禁止人民進入遊行示威」的風聲，來恫嚇臺灣人民外，還發動手下所有的傳播媒體，散布各種歪理，來混淆人民的認知兼分化民進黨。

在國民黨所散布的歪理當中，最常見的一項是：唯有體制內的議會抗爭路線才是民主政治的正途大道；群眾運動則可能給國家社會帶來動盪與暴亂，因此是危險的、反民主的。

這種說法，站不住腳，因爲集會、抗議、示威等等，都是人民天賦的權利，因此不論在何種政治體制內，群眾運動都是人民參政的正途大道——在反民主的臨時條款體制內，更是如此。

臨時條款體制基本上是設計來維持國民黨一黨專政的局面，因此體制內改革的一切可能性早就都被堵死。走體制內議會改革路線也因此便是走入死巷。要爲臺灣的民主前途帶來眞正的轉機，就得改走他途。而在諸多選擇當中，最溫和、最正當的，乃是和平示威。國民黨要是連這種文明世界所公認的天賦權利都要加以鎭壓的話，那麼我們就只能悲觀地等待眞正的暴力對抗、流血衝突在我們的社會中出現了。

在國民黨所散布的歪理當中，另外還有這樣的一種說法：國民黨的實力太強大了，民進黨根本無法與之匹敵，因此在國民黨主動表現改革誠意之際，民進黨應該知足，並且作出比國民黨更大的讓步，以便達成皆大歡喜的協議。

這種說法也是站不住腳的，因爲一切權利都是爭取得來的，既得利益者絕不可能主動表現眞正的改革誠意。但權利之爭絕非單純地以「實力」爲後盾。果如此，那麼人類豈不等於野獸，人類社會豈不變成叢林社會？尤有甚者，如果這種「社會達爾文主義」的論點成立，則人類的文明非但不可能進步到今天的境界，反而可能無限的退步。我認爲，在人類社會中，弱者所以往往能夠對強者提出超過自己「實力」的權利主張，基本上是仗著社會道德力量的支持。

今天，社會日益多元，人民主權意識日益高漲，國民黨一黨一姓壟斷臺灣政治資源的作法，早已嚴重背離了社會通行的價值標準。在這種情況下，我堅信，臺灣人民向國民黨提出強烈權利主張的時機已經成熟了。而爲了要證明我的這個信念，我將在示威總統府的當天走在群眾前面。要是國民黨執意違反潮流，要授意其屬下毆打我們群眾，他們這些「走狗」必須先踏過我的屍體！

理先於法

——為什麼我主張臺灣獨立

■鄭南榕　自由時代週刊第一七〇期（一九八七年五月二日）

爲了要讓國安法在立法院內迅速通過，並阻止人民到總統府前示威，最近一個月來國民黨持續不斷地發動它所控制的一切傳播媒體，全面而徹底地向臺灣人民灌輸這樣的一項觀念：國民黨在臺灣實行「法治」，人民的一切行爲均應以法律爲依歸，民主才能落實發展。

全世界都知道，國民黨所說的「法治」是「戒嚴法統治」的簡稱，而非標準定義的「法治」。因此這一個月來它所散布的，根本就是百分之百的歪理、不折不扣的謬論。

標準定義的法治（rule of law）是和民主制度合而為一，不可分割的。而且兩者的關係是：民主原則優先於法律。唯有接受民主原則指導的法律，才能眞正照顧社會整體的利益，並反映社會通行的道德觀。換言之，唯有依照民主程序制訂出來的法律，才是正當的法律。

用這個標準來檢驗國民黨的法律，我們只要指出四十年來國民黨如何在戒嚴體制下，利用一個「萬年國會」來制訂法律，便足以粉碎該黨的「法治」空言了。

即使戒嚴令解除了，情況也不會改善。

首先，萬年國會仍然維持原狀，不全面改選。立法機器依舊緊緊掌握在國民黨手中，制訂出來的法律，當然也就只代表國民黨一黨一姓，而不代表全民的利益了。

其次，國民黨打算在解嚴之際推出的「國安法」[18]，也是一部和民主原則嚴重牴觸的惡法。最大的證據便是將「遵憲、反共、反臺獨」這三項政治性宣示，公然列入法條[19]之中。這條法律不僅否定了臺灣人民政治討論的自由，更剝奪了整個社會對未來政治環境變遷的調適能力。這樣的一部「國安法」固可保護國民黨的安全於一時，但從長遠看，卻代表著問題與衝突的不斷累積與壓抑，將來問題爆發時，震撼之強、破壞之烈，是不難預測的。

因此，爲了讓眞正的民主法治在臺灣落實發展，我們必須逼迫國民黨放棄國安法。這就要靠全民的大覺醒與大團結。在這種覺醒與團結實現之前，不管國民黨怎麼制訂它的國安法，我都要本著我對言論自由的堅持，以及對臺灣的熱愛，繼續公開宣布：

我主張臺灣獨立！

18 1987年七月一日公布的「動員戡亂時期國家安全法」。

19 意指國安法第二條「人民集會、結社，不得違背憲法或主張共產主義，或主張分裂國土。」

把臺灣建設成「東方瑞士」

——臺灣獨立的目標

■鄭南榕　自由時代週刊第一七一期（一九八七年五月九日）

我主張臺灣獨立，因爲對臺灣全體住民而言，獨立是最有利的選擇。

追求安全與幸福是人類的天性。我們不僅要爲自己這一代，也爲後世子孫追求安全與幸福。但環顧臺灣現狀，卻沒有一個人得到眞正的安全與幸福。因爲：

第一、在戒嚴及臨時條款體制底下，臺灣未來的方向完全操縱在國民黨一黨一姓手中。臺灣人民無法掌握自己的命運、決定自己的前途。

第二、國民黨政權為了要辯護其毫無民意基礎的統治權，四十年來始終高呼「漢賊不兩立」，並堅稱自己是「中國唯一的合法政權」。臺灣人民受到這種既僵硬又不切實際的政策的拖累，不僅一步步陷入國際孤兒的困境，更籠罩在北京共黨政權的「武力解放」的恫嚇之下。

臺灣人民的經濟生產力是非常驚人的。即使面對國民黨政權「行政效率低落」及「重稅剝削」的兩大障礙，臺灣的經濟仍然蓬勃發展。但這種進步並非真正的幸福。理由有二：

第一、人若無法掌握自己的命運、決定自己的前途，成了「錦衣玉食的奴隸」，和現代人精心飼養的豬狗又有何異？

第二、臺灣人民在國民黨的專政統治及中共的「武力解放」雙重陰影籠罩之下，鄉土感情逐漸淡薄、人生目標日趨現實功利。這種病態投射在經濟上，則導致生態破壞、大地瘡痍以及企業經營者投機短視等嚴重問題。

在國民黨統治現狀下，臺灣人民既然找不到眞正的安全與幸福，那麼改變現狀當然也就成爲必然的趨勢。

讓中國共黨政權接掌臺灣？我堅決反對，因爲情形只會更壞。證諸臺灣四百年的歷史，一切外來政權，自西班牙、荷蘭、日本以迄國民黨中國，都給臺灣人民帶來不安與苦難。臺灣人民要獲得安全與幸福，唯一的機會乃是作自己的主人——也就是努力讓英美式的民主法治制度在這塊土地上落實生根。

唯有民主能給臺灣全體住民帶來永恆的安全與幸福。我們只要拋棄與現實脫節的「中國包袱」、祛除心中「恐共」陰霾、發揚鄉土之愛、消弭種族對立，並規劃自由、開放的制度，將全體臺灣住民的創造活力澈底釋放出來，就可以將臺灣建設成一個「東方瑞士」！

為韓國人民歡呼！為臺灣人民呼籲

■鄭南榕　自由時代週刊第一七九期（一九八七年七月四日）

「韓國警方統計，從六月十日反對派在全國各地舉行聲討大會，到廿六日的全國和平大遊行，爲了鎮壓兩千一百四十五次大小規模的示威，警方在十七天之內，共發射了價值約臺幣三億餘元，卌五萬一千兩百多發催淚彈……警方統計，一共有八十三萬名群眾參加示威，有一萬七千二百四十四名學生與市民被捕。警察在鎮壓過程共有六千三百零五人受傷，學生與民眾則有一百四十六人受傷[20]……」

韓國人民挨過卅五萬枚催淚彈，如今黯然淚下的，反而是全斗煥獨裁政權。我們當爲這個勇敢的朝鮮民族歡呼。

在那一段舉世關注的十七天內，我們看到一個以暴力起家的獨裁政權，雖然出動鎮暴部隊，發射催淚彈，並且有武裝警察棍棒齊施，卻在滿街憤怒群眾的圍剿，以及世界輿論的攻擊之下黯然退去。繼菲律賓「人民力量革命[21]」成功之後，我們再一次看到人民以群眾運動的方式，擊潰獨裁政權的例子。

制式暴力不能確保獨裁政權的「安全」，也再一次由韓國人民加以印證，韓國的經驗，對於一貫以黨、政、軍、特遂行恐怖統治起家的蔣氏政權，對那些好戰成性的軍頭和極端頑固的黨棍而言，尤其是當頭棒喝。他們所仗恃的拒馬蛇籠和鎮暴部隊，雖然裝甲雄厚，火力犀利，但是面對「人民力量」也只是逆流中的泡沫而已。

再深入去看韓國的經驗，我們深深體會到靠暴力起家的政權，只崇拜暴力，只向比他更強大的暴力低頭。這絕不是我們願意得到的結論，但卻是活生生的事實。蔣氏政權的德性也一貫地給人這樣的印象——他們不到黃河心不死，不見棺材不流淚；而且只吃罰酒，不吃敬酒。在眼睜睜看到韓國的劇變之後，我們願意很誠懇的忠告蔣家集團，要迅速的收斂他們在街頭、在議會、甚至在傳播媒體上表現出來的僵硬的暴力姿態。只要他們繼續肆無忌憚的放出暴力的訊息，便是在誘使臺灣群眾不惜以眼還眼，以牙還牙。那麼結局就相當明顯。蔣家集團既然不可能再發動一次大屠殺的「二二八」，他們只有極不光彩的被推翻。

20 1987年，韓國發生六月民主運動，全國各大城市爆發大規模示威，全斗煥在數百萬韓國民眾的抗議壓力結束獨裁。

21 1986 年由反對黨領袖柯拉蓉．艾奎諾所領導的推翻馬可仕政權的非暴力政治運動。

內爭主權、外爭國格，並與中國和解

■鄭南榕　自由時代週刊第一八二期（一九八七年七月二十五日）

長達三十九年的戒嚴，解得乏味已極。倒是外匯管制的部分開放，在民間激起了相當的興奮。財經方面的專家學者更受到極大的鼓舞，最近不斷的鼓吹更進一步的金融自由化，積極倡導要把臺灣闢為國際金融中心。

事實上，自蔣政權占領臺灣以來，對我們的口袋，管得比我們的手腳和腦筋還要嚴。只是一般人以爲不像政治迫害那麼殘酷，以致沒有深刻的切膚之痛罷了。

然而財經事務的癥結，歸根結底仍然在於蔣家政權的統治。以財經學界主張的臺灣「國際化」與「自由化」而言，確實是我們唯一的出路，但是其困難，絕不止在於臺灣財經結構的落後，還在於臺灣的國際政治地位。臺灣人民除了對內爭取收回主權之外，對外還必須重建臺灣的「國際地位」，重新加入國際社會，這是我們這一代臺灣人民的兩大課題。

東西德、南北韓等分裂國家，最近都在政治上有很大的突破。最近東德政府宣布特赦政治犯，廢止死刑，其共黨領袖何內克[22]更表示九月間將前往西德訪問，爲東西德關係的改善，作了重大的貢獻。在南北韓方面，最近更傳出雙方正致力於尋求國際間的「交叉承認」。那是指美、日兩國承認北韓；而中、蘇兩國承認南韓，藉以改善南北韓之間的關係，並促進整個朝鮮半島在國際上的地位。

臺灣人民數十年來飽受國際「難民」之苦，蔣氏政權堅持其大一統的荒謬神話，使臺灣被國際社會所排斥，進而飽受中國的威脅。由於臺灣沒有獨立國格，沒有進入國際組織的資格，因此所謂的財經「國際化」、「自由化」變成徒言空談。由於臺灣國際地位不確定，而使得我們唯一的出路，成爲完全國際化的自由貿易島國的希望，恐將化作泡影。

我們深信臺灣是一個潛力豐厚的寶島。假使我們能成爲一個自由、開放、和平的獨立國家，使我們「伸腳出手」，我們一定能在這裡創造一個空前富饒繁榮的局面。因此我們唯有動員自己的力量，內爭主權，外爭國格，並與中國和解，取得獨立平等的國際地位，才是解決臺灣前途問題的根本之道。

22 埃里希・何內克（Erich・Honecker，1912－1994），最後一位東德領導人。

「臺灣應該獨立」

——向「臺灣政治受難者聯誼總會」致敬

■鄭南榕　自由時代週刊第一八八期（一九八七年九月五日）

八月三十日，一百四十二名的政治受難者在臺北市國賓大飯店舉行「臺灣政治受難者聯誼總會」成立大會。會中正式通過章程草案第三條「我們的基本共識」第二項「臺灣應該獨立」。這是四十年來，臺灣第一個團體公開在組織章程內，明列臺灣獨立的主張。

我們向這些曾經爲義受壓迫，卻依然挺身而出，堅決維護自己的政治信仰的臺灣前輩致敬。

自從四年前，「黨外人士」提出「臺灣的前途，應由臺灣全體住民共同決定」的口號之後，「臺灣獨立」的主張，就包涵在「住民自決」的旗幟之下呼之欲出。如今終於有這些臺灣前輩振臂一呼。

「住民自決」提供了臺灣人民一個海濶天空的新境界。它意味著無論「中國國民黨」、「中國共產黨」，或是其他列強帝國主義者，沒有人有權壓迫臺灣人民接受他們的統治。只有臺灣人民才有權決定臺灣何去何從。

若我們更深入地瞭解「住民自決」的含意，那麼我們很容易發現，這個主張的發生，是爲排斥現在統治臺灣的蔣家政權，排斥不斷企圖將臺灣納入其中國「藍螞蟻」系統的北京政權。因此臺灣人民把爭取住民自決列爲第一要義，也即是要收回人民主權，以便重新自行決定臺灣的國體及政體，再經住民的同意建立政府，然後以新而完整的國格回到國際社會，與世界各國和平並平等的交往。

因此我們認爲「臺灣獨立」自然是臺灣人民爭取到自決權之後的唯一選擇。這一個選擇，在臺灣歷經四百年受盡中國牽絲攀葛，糾纏不清的苦頭之後，早已深植臺灣人心。我們常說「出頭天，出頭天」，我們抬頭望青天，不再被中國的愁雲慘霧罩著，一派清朗，一片亮麗，正是歷代臺灣人民夢寐以求的「美麗島」。

如今，「臺灣政治受難者聯誼總會」，以他們歷劫之身，堅定心志，共同發出這代表臺灣人民人格尊嚴的獨立宣言，實在令人歡欣雀躍。我們在此虔心祝禱，但願島內外臺灣人民共同努力，來追求此一「自決獨立」之道。

改革臺灣的國體與政體

——西藏獨立運動的啟示

■鄭南榕　發揚時代週刊第一九三期（一九八七年十月十日）

近幾天來，西藏人對中國殖民統治者展開鬥爭[23]，引起流血衝突。這個世界屋脊上的政治動盪震驚了全世界。

蔣政權對西藏事件的反應十分曖昧。他們在口頭上聲援西藏人「反共抗暴」；卻又嚴厲譴責「西藏獨立」的主張。他們頻頻向達賴喇嘛送秋波。可是世人皆知三十年來，達賴爲了尋求獨立，到處奔走呼籲，是個不折不扣的「藏獨分子」。蔣政權一面強調堅守「民族團結，國土統一」的立場，一面又宣稱已邀得達賴來訪，自欺欺人到此地步，豈不是笑臺灣人憨？

何況所謂「只許抗暴，不准獨立」的態度，觀乎近代殖民地人民爭取政治主權的鬥爭歷史，更是聞所未聞，荒謬已極。難道說人民對抗暴政，只能夠「志在參加，不在求勝」？

我們這些住在臺灣的人，雖然與西藏距離千萬里，其實命運卻是差不多的。數百年來，一直處在外來殖民政權的奴役統治下，受到比一般文明人類更爲低等的待遇。多年來臺灣人民所追求的，是建立一個完整的主權，以及在國際社會上擁有一個獨立的國格。和西藏以及全世界所有被奴役與被殖民的地區一樣，我們必須反抗奴役人民的政權，爭取獨立的國格，才能恢復我們每個人完整的人格。

但是目前在臺灣持有這種主張的人，正面臨蔣政權全面的打擊。由於恐懼，更使得部分人降低言論層次。具體的來說，人們把反抗暴政的言論，固定在例如主張國會全面改選，總統直接民選，以及省市長民選的「政體改革」層次。固然上述的論點已經指出蔣政權對臺統治之所以缺乏「合法性」的癥結。但是我們更進一步去看，今天臺灣之所以對內政治秩序紊亂，對外國格曖昧不明，最根本的原因，還是在於缺乏一個適時適地的政治系統，這個最基本的政治結構和規範沒有釐清，臺灣人民的人格和臺灣的國格便一日曖昧不明，無法在人間找到立足之地，這說明臺灣需要國體的改革。政體的改革就像新酒，而國體的改革則像新瓶子；新酒必須裝在新瓶子裡。

23 1987 年十月一日，拉薩市的喇嘛在遊行中揮舞雪山獅子旗並高喊西藏獨立。1987 至 1989 年曾有多次暴力鎮壓行動，1989 年三月西藏戒嚴。

政府必須效忠人民

——反對俞國華國土不容分裂說法

■鄭南榕　發揚時代週刊第一九四期（一九八七年十月十七日）

臺灣獨立是一件和平喜樂的事，是我們送給後代子孫的最佳禮物。然而，國民黨蓄意「醜化」臺獨的主張，製造陰森恐怖的氣氛。在十月十二日檢察官葉金寶扣押因「臺灣政治受難者聯誼總會」主張「臺灣應該獨立」案的蔡有全、許曹德兩位先生。第二天，國民黨的行政院長俞國華即在立法院表示：領土與主權的完整是立國的基礎；效忠國家是國民應有的天職。他並且強調：任何一國的法律，雖然對於言論自由極力保障，但是絕不容許國民有蠱惑群眾背叛國家或分裂國家的自由。

我們認爲國家是由領土、主權與人民三者所構成，三者之中，人民是最基本、最重要的因素。領土是人民所居住其上的活動空間，主權的行使是人民的託付。因此，所謂領土的完整與主權的行使完全決定於人民的意願。從這個「民主」的前提出發，一個國家領土的範圍，應該由其人民共同決定，而政府的主權是人民所託付，政府主權的行使就必須符合民意。換句話說，政府是受人民託付來爲人民解決問題的。因此政府應該以民意爲依歸，才成其爲政府，政府必須效忠人民，換言之，效忠人民是「國家」的天職。

依據「民主」的原則，人民能夠決定其領土的範圍，政府主權的行使必須以民意爲依歸。所以，如果臺灣全體住民同意在臺灣建國，行使其主權。或者在現實環境的考慮下，只有臺灣獨立才能開拓其國際關係，建立其國際性的政治實體地位時，所謂「政府」即應尊重民意，否則即是背離民主的獨裁政權。

我們再次提醒俞國華及國民黨政權，「民主政府」是由人民組成的，是人民意志的結合體。因此，人民效忠「國家」的前提是，政府必須先效忠人民，必須是經過民主程序建立。

簡單地說：政府效忠人民，才是政府應有的天職。

臺灣的獨立與民主

——紀念長老教會人權宣言十周年

■鄭南榕　民主時代週刊第一九七期（一九八七年十一月七日）

我是外省人的子弟，我不怕臺獨，我主張臺灣獨立。

我的臺獨主張的啟示，來自十年前臺灣基督長老教會所發表的人權宣言[24]：

基於我們的信仰及聯合國人權宣言：我們堅決主張「臺灣的將來應由一千七百萬住民決定」……為達成臺灣人民獨立及自由的願望，我們促請政府於此國際情勢危急之際，面對現實，採取有效措施，使臺灣成爲新而獨立的國家。

在這個劃時代的歷史性宣言中，長老教會秉持一貫愛護鄉土的精神，敦促國民黨政權面對事實，將臺灣建立爲「新而獨立的國家」。但是十年來，國民黨政權仍然迷信獨裁統治，繼續把持既得的政治利益不放，不但對臺灣人民普遍要求獨立的呼聲充耳不聞，並且蓄意的發動輿論，進行撲殺圍剿。

面對壓力，長老教會的牧師們，仍本著「告白耶穌基督爲全人類的主，確信人權與鄉土是上帝所賜」的原則，學習耶穌基督的精神，走上街頭，傳播「使臺灣成爲一個新而獨立的國家」之福音。

一千九百多年前，耶穌基督走上街頭傳播福音，雖然以身殉道，卻以肉身的犧牲突破羅馬暴政的天羅地網，向人類證明福音的眞、善、美。今天，長老教會也只有走向街頭傳播福音，才能突破國民黨專制政權的統治神話，實現「新而獨立的國家」的福音。

只有臺灣人能眞正自由的表達自己的意願，自己作自己的主人，決定自己的命運，將臺灣建立爲一個新而獨立的國家時，臺灣的民主政治才能具體落實，才能走上無比寬廣、堅實而穩固的康莊大道。

臺灣獨立是臺灣人民的福音，是住在臺灣這塊土地上的所有人民，堅信不移的理念。

24 臺灣基督長老教會於 1977 年八月十六日依當時臺灣的國際處境所發表，其中籲請政府「使臺灣成爲一個新而獨立的國家」爲當時臺灣內部首度以團體形式公開發出臺灣獨立聲音。

民主上臺，法統下臺

■鄭南榕　開拓時代週刊第二〇〇期（一九八七年十一月二十八日）

在極權獨裁國家，統治者往往給凡人凡物戴上神聖的名稱，藉著聖名要求人民服從，達成愚民統治與專制獨裁的目的。

「法統」就是國民黨使用的聖名，以前的「法統」是不必改選的老代表、老委員，隨著時移勢轉，老「法統」這些人物的招牌，已經無法再欺騙臺灣人民，於是國民黨改寫臺詞，宣稱「法統」就是「憲法」，所有「民主問題」都可以談、都可以改進，唯獨「憲法」不能改。

憲法是什麼?憲法只不過是最高位階的法律,凡是法律就有因時、因地的適用問題,人民有權利採用民主程序修改之或撤銷另訂之。

我們都知道,維持社會的安定與進步不能只靠法律,必須有良好教育的人民,也必須有相當的道德水準,如有漏失之處,再以法律補救。簡言之,道德是在法律之上的,光有法律沒有道德,社會將無安定的基礎。

在政治上,民主原則是政府與人民必須共同遵守的「道德原則」,憲法不過是約束兩者行爲的法律。國民黨不顧民主原則,不管現有憲法是否適用,執意剝奪人民改立憲法的權利,這是國民黨蓄意破壞民主原則、道德原則,終必成爲臺灣人民公敵。

我們認爲,解決「臺灣前途問題」的最好辦法,就是百分之百實現民主政治,而不是強詞奪理強暴民主的所謂「遵守憲政基本秩序」或「遵行憲法」。只要讓民意充分表達，不論臺灣獨立、中臺統一或其他政治主張，都應該可以公開討論。經過公開討論，進而舉行全體臺灣公民投票的自決程序，如此所得到的「政治共識」，才能凝聚全體臺灣人民的向心力，求得臺灣人子孫萬世安樂的基礎。同時基於這樣的體認，我們不顧身家性命安全，提出臺灣獨立的主張，讓全體臺灣人民在國民黨的「統一政策」之外，有第二種的選擇。

四年辛苦不尋常

——創刊四周年感言

■全元時代週刊第二二五期（一九八八年三月十二日）

四年前，在臺灣辦雜誌，宣稱要「爲您爭取百分之百的言論自由」，幾乎被視爲空想或笑話。四年來，以「爲您爭取百分之百的言論自由」爲創社的宗旨的自由時代系列週刊，卻用它的總成績單，證明了這是一張可以兌現的支票。

我們一直深信，爭取百分之百的言論自由，是一個民主社會的「充分且必要」條件，我們更深信，所有的自由裡，第一個應該爭取的是言論自由，有了言論自由以後，才有可能保住其他的自由。

爲了檢驗我們心中設定的目標，也爲了履行對千萬讀者的承諾，以下是我們在槍口下、在法庭上、在牢獄裡，在全面非法封鎖下，在財務赤字陰影下，爲您爭取百分之百言論自由的成績單：

■創刊四周年，出版二一五期，從未脫期，發行量超過六百萬份。

■江南命案發生後，最快、最深入報導該案內幕，直接明指蔣孝武是江南命案的眞正元凶，正式對蔣政權及其特務系統挑戰，並獨家刊登江南命案當時在逃人犯董桂森[25]留給李敖的祕件。

■在「蔣經國傳」作者江南被刺之後，迅速連載「蔣經國傳」。

■第一個公布蔣經國的體檢表，並請名醫「會診蔣經國」，獨家報導蔣經國已經進行截肢手術，獨家報導蔣經國左眼瞎了，在蔣經國死前一星期，獨家報導蔣經國大限已近……。幾年來，一直被視爲蔣經國的健康權威。

■全面曝光不可告人的宮廷祕史，並戳破建立多年的蔣家神話，這從我們順手拈來的封面標題，就可以得到印證，如「蔣孝武——腳踏黑白兩道，手握文武百官」、「四大王子爭太子——武勇慈嚴的權力路途」、「蔣經國、蔣緯國兄弟鬩牆」、「國民黨如何安排下一步的流亡？」、「蔣經國棄卒保帥」、「蔣家官邸的要錢術」、「宋美齡復健奪權，蔣緯國夾縫求生」……

■第一個點明蔣家第三代接班的安排，以及軍特系統奪權的可能性，如「警總病情總診斷」、「宮廷派全線接班的先聲」、「未來臺灣強人——蔣孝武」，「蔣孝勇插手，調查局撤手」、「一元預算，五角養兵」、「郝柏村[26]、宋長志、汪敬煦大鬥法」、「誰是臺灣的安利爾[27]」、「臺灣會不會發生兵變?」……等專題，點出臺灣人心中揮之不去的陰影，直攻國民黨要害，逼使蔣經國在一九八六年年底做出蔣家不接班、軍人不干政的承諾。

■首先一系列越洋專訪流亡海外多年的臺灣人政治團體領袖，如FAPA[28]會長彭明敏，臺獨聯盟主席張燦鍙，改組後的臺灣獨立建國聯盟主席許世楷，跑路縣長許信良，臺灣革命黨主席洪哲勝，長老教會黃彰輝[29]牧師……牽引臺灣人的心靈，互通海內外的音訊。

■獨家全文刊載陸鏗的「胡耀邦[30]訪問記」，並獨家專訪香港新華社，獨家報導如何到中國觀光，如何到中國做生意……突破國民黨三不通四不流政策的防線。

■第一個要求國民黨全面的、無條件的解除戒嚴，並且在臺灣戒嚴的第三十八個年頭，推動「五一九綠色行動」，在國民黨制定國安法取代戒嚴法之際，發動「抗議國安法，示威總統府」的行動。

■長期鼓吹黨外人士組黨，呼籲用制度化的組織來掌握運動，並第一個加入海外的「臺灣民主黨」，響應「遷黨返臺」的行動。

■第一個在雜誌上明確而具體的提出臺灣獨立的主張，並被高檢處以「涉嫌叛亂」蒐證中。

■第一家被警備總部以陸海空軍刑法第九十二條「構造謠言以淆惑聽聞」及刑法第一百四十條第二項「侮辱官署」等罪名，主動函請臺北地檢處偵辦的雜誌，也是多次被國民黨當局威脅要以「侮辱國家元首」法辦的新聞媒體。

■言論官司最密集的雜誌：四年來，前後有總編輯、發行人、作者等八名被提起五件言論官司，並有總編輯、發行人各一名，坐過言論自由的大牢。

■唯一長期肩負新聞傳播與民主運動兩大功能的雜誌，「五一九綠色行動」、「二二八和平日」紀念活動、「獨立救臺灣」街頭示威遊行……等，只是其中犖犖大者。

其他，諸如自由時代系列週刊社前後有十六張不同名稱的發行執照，輪番上陣，創刊四年，總共被停刊十九次，等於被判十九年的有期徒刑；出刊二二五期，查禁比例超過三分之二，換句話說，每出版三期，就有兩期被迫轉為地下販賣。這些國民黨慘烈的箝制、對言論自由的迫害，對我們所造成的損失和威脅，其實都是不足掛齒的。因爲，任何違反民心趨向，違反時代潮流的反動舉措，就像歷史的泡沫，很快就會被淘汰的。

而我們之所以在此向讀者報告創刊四周年的成績單，一方面是重申我們所服膺、信守的「爭取百分之百的言論自由」，一方面也是向四年來或公開、或暗中，或精神上、或行動上支持我們的無數讀者致意。一本被迫以三分之二的比例走入地下的刊物，能夠支撐四年，除了我們本身的信念堅定和意志強韌之外，讀者肯長期耐心地尋覓和熱烈地支持，才是我們生存的最大動力。

此外，如前述所言，我們深信，所有的自由裡，第一個應該爭取的是言論自由，有了言論自由以後，才有可能保住其他的自由。也就是說，爭取了百分之百的言論自由之後，我們還有其他諸多種類的自由尚待爭取。

四年，只是一個小小的逗點，在此，我們渴切盼望，即使眼前是一條漫長、艱辛的道路，您也一秉往昔，和我們奮力邁前。

直到愛和公義在這塊土地實現。

25 1951–1991，刺殺作家江南的兇手之一，爲竹聯幫成員。

26 1919–2020，中華民國陸軍一級上將，曾任國民黨副主席、行政院院長，長子郝龍斌爲前臺北市市長。

27 Juan Ponce Enrile（1924–）是菲律賓著名的政治人物，曾到美國哈佛大學習法律和稅務，回國後擔任財政、國防等要職，深獲總統馬可仕信賴。1986 年擔任國防部長期間，參與軍事政變，該事件爲「人民力量革命」（People Power Revolution）。後來長期擔任國會參議員、參議長。

28 臺灣人公共事務會（Formosan Association for Public Affairs），創立於 1982 年。

29 1914–1988，曾任臺南神學院院長，1972 年發起臺灣人民自決運動。

30 1915–1989，中華人民共和國第二代主要領導人，對其逝世的悼念和抗議活動演變爲六四事件。

全面展開「建國運動」

■鄭南榕　新潮時代週刊第二三九期（一九八八年八月二十七日）

臺灣島內，幾十年來關於臺灣前途的討論，在國民黨政權高壓統治下，一直被迫以曖昧、晦澀的方式進行著。

一九八七年八月底，「臺灣政治受難者聯誼總會」成立，在章程中明訂「臺灣應該獨立」，提案人許曹德與會議主席蔡有全旋即遭國民黨法院的傳訊、收押和判刑；但幾十年來島內人民對臺灣前途討論的禁忌和心結，卻在一夕之間，衝開了大半。從街頭運動到法院審判，從文字主張到言語行動，越來越多的臺灣人挺身而出，公開而大聲地表露自己的心聲：「我主張臺灣獨立」。越來越多的臺灣人民無懼地面對自己命運，勇敢地掌握歷史方位，不到一年光景，風起雲湧，一股無法逆轉的時代潮流，強烈震撼國民黨敗亡來臺後一以貫之的封建獨裁統治。

到了今年八月，世臺會[31]年會在臺召開，雖然國民黨刻意阻撓，多數世臺會的重要幹部無法返臺開會，但由此次世臺會所帶來更爲熱烈，深入、全面對獨立運動的討論，已如野火般在島內四處蔓延開來。

國民黨面對這種前所未有的挑戰，心驚膽跳、手足失措之餘，還是只能祭出老招式，動用其所能掌握的工具，大肆壓制，但是臺灣人民純樸的鄉土之愛是無法壓制的。國民黨的老招式，一招是透過其所控制司法機關，對主張臺灣獨立的臺灣人民判以重刑，前不久的莊國銘、黃光雄案[32]被處以重刑，以及許曹德、蔡有全案可能迅速重刑結案，只是其中一例；另一老招式則是動員所有的御用傳播媒體，對臺灣獨立的討論，不斷加以攻擊及醜化，如指稱世臺會會長李憲榮的談話爲「情緒化」、「非理性」，「臺獨是由海外一小撮臺灣人指使島內部分激進分子推動的」等等。

李憲榮的談話，的確給國民黨造成極爲難堪的窘態。國民黨既無能逮捕李憲榮，更不願讓李憲榮返臺，但是李憲榮在世臺會年會錄影帶上的談話，卻又句句刺中國民黨的要害。這種荒謬的、錯亂的現實情節，使國民黨已經毀損不堪的統治神話，更加土崩瓦解了。

事實一再證明，國民黨以司法審判政治訴求，再也恐嚇不了臺灣人民；謾罵式反駁的御用媒體，對眼明的臺灣人民來講，亦只是當成笑話看罷了。年來一波未平，一波又起的事件，在八〇年代末期的臺灣社會呈現的中心意義是國民黨再也無法用任何手段，來壓抑臺灣人民自我決定家國命運的熱切願望了。

但是，更重要的，臺灣已走到一個面臨抉擇的十字路口，在客觀的國際局勢中，中國不斷孤立、斷絕臺灣的對外關係，而國民黨從來沒有與臺灣共存亡的決心，一直拖一步算一步，拖不過去時就準備逃向預置已久的海外金窩，還有不少島內住民在國民黨長期宣傳洗腦下，對自身的「國家認同」，產生錯亂、混淆的現象，在險惡、瞬息萬變的國家危機中，無法清晰地確認自己的前途。

同樣的，在目前臺灣各種蓬勃發展的社會運動中，背後也隱藏著這個「認同錯亂」的危機。不論是工運、農運、環保或學運，幾乎每一個層面的運動中，都發生了運動團體分裂的事實。分裂的理由，主要都不是對該項運動路線認知的歧異，而是沿著對臺灣前途不同的認知——即統獨問題，這條線裂開。運動發生了這種分裂之後，雙方根本無法合作，力量難以集結，對整個運動的開展，造成很大的阻礙。

雖然這些社會運動的短程目標，都不會直接碰觸到「國家認同」這個問題，但以較爲長期的眼光視之，統獨問題是任誰也無法逃避的。如目前部分島內資本家前往中國投資，已威脅到臺灣勞工的工作權，此與引進外籍勞工，影響島內勞工的就業機會與勞動條件談判籌碼無異；而中國農產品的進口，對本已處於臺灣最底層的農民，勢將造成更大的打擊。面對這類問題，不同的統獨認知，必定有不同看法出現，進而對未來的政策制定也會有不同的作法。

而且，在社會運轉的開展中，部分人士以和稀泥打爛仗的態度，四處宣揚「統獨不重要」、「先搞運動」的說法。這種說法，不但在理論上無法克服前述對運動看法、作法不同的難題，亦將對臺灣前途的解決，造成時間上的拖延。

不論政治民主化運動或其他社會運動，必然都無法與「國家認同」的問題分離。而臺灣走到目前這個十字路口上，恰好是解決問題的最佳時機：中國在四個現代化未完成之前，雖時有恐嚇之言詞，但卻無犯臺之實力；島內政治與社會力結合的獨立運動，亦日益壯大。錯過這個機會，臺灣人想要翻身，自己當家作主，恐怕再也無機會了。

四百年來，臺灣一直與中國處於「獨立」、「分離」的狀態，所謂「獨立運動」一詞，其實並非精確的講法。基於臺灣人尊嚴的重建與臺灣人共同命運的考量，大家務必把握這種千載難逢的良機，再往前跨一步，及時展開全面的「建國運動」！

31 世界臺灣同鄉會聯合會。

32 1988 年阿根廷臺僑莊國銘、黃光雄參加「臺灣獨立建國聯盟」組織而各被判處十年和五年有期徒刑，爲解嚴後首個參加臺獨組織被判刑的案例。

可以有腔有調，不要面目模糊

——政治人物應清清楚楚說出自己的主張

■鄭南榕　臺灣時代週刊第二四四期（一九八八年十月一日）

統、獨問題的論辯，伴隨著民進黨主席選舉的情勢，漸漸熱絡起來，這個問題是臺灣人民無可迴避的難題，因此，所有關心臺灣前途的人，都樂於見到統、獨問題討論的公開化，希望藉著公開的論辯，提昇臺灣人民的政治認知，同時爲臺灣前途尋求一個最佳的出路。

但是，在論辯的過程中，我們也看到許多令人憂心的現象。由於國民黨統治者長期以來刻意醜化、歪曲臺灣人民神聖的獨立運動，造成臺灣人對臺獨普遍存有一種禁忌，因此某些參與討論的人，也樂得利用這種意識，對主張獨立者亂扣帽子，甚至某些反對派人士，爲了逞口舌之快，達到特定的政治目的，也不惜援引國民黨的手法，給予獨立運動二度的醜化。他們的說法包括：「臺獨不包含民主，民主包含臺獨」，或是將獨立運動與法西斯劃上等號，而且還「談之有味，言之成理」，一時之間鑼鼓喧天，令人眼花瞭亂。

爲了給統、獨論辯一個平衡的基礎，進而探索出一條臺灣人民應走的道路，我們認爲有必要釐清這些似是而非的口號，因爲它們根本就違反政治常識及語言邏輯，成爲某些人運用的煙霧彈而已。

首先，我們反省檢驗「臺獨不包含民主，民主包含臺獨」這樣的政治口號，很難發現它有任何的意義。就像套用這樣的句型，如果有人說：「統一不包含民主，民主包含統一」，同樣也可以編出一套大道理，說得天花亂墜。

發明這句口號的人，他們的基本心態只是要將臺灣獨立運動與民主的理念分開，給獨立運動扣上一頂「非民主」的帽子，然後再給獨立運動穿上「法西斯」的外衣，最後的目的還是跟國民黨一樣，醜化臺獨，打擊獨立運動。

看到這樣的「政治對聯」，我們不禁想起國民黨早期醜化臺灣獨立運動所慣用的法寶，當時，國民黨利用「臺獨就是臺毒」這個口號，將臺灣獨立運動形容成「身染五毒，不得觸摸」的政治禁忌，收到很大的「心理恐嚇」效果，追究原因，不過是獨、毒同音而已。沒想到某些反對派人士在爭奪黨內權位的時候，竟然也師法起國民黨的手法，玩弄文字遊戲，捏造政治口號，打擊臺灣人民爭主權的神聖運動。

做了以上的分析，我們還是以事實來驗證。自從一九八七年九月蔡、許獨立案爆發以來，島內臺獨運動邁入一個新的里程；一年來，我們看到有人因主張獨立就被判重刑，看到統治者利用反民主的司法迫害臺獨人士，卻未曾看到主張臺獨者違反民主理念，因爲，在國民黨統治下的臺灣，主張臺獨的人士連要求「民主待遇」的權利都被剝奪了，他們哪裡還有餘力去「反民主」呢？

在這樣一個不合理的情況下，如果有人自詡爲「民主人士」，那麼應該本著民主理念，出面抗爭，爲臺灣人民爭取言論自由，維護民主政治的基礎，而不應該置身事外，高唱「臺獨不包含民主，民主包含臺獨」。

把臺獨戴上「非民主」的帽子，眞正的目的是要將臺獨套上「法西斯」的外衣，將臺獨在國民黨所渲染的「毒」之外，再籠罩上一層恐怖意識，使臺灣人民將主張獨立人士視爲可怕的「恐怖分子」。減少對臺獨運動的支持，達成他們奪權的目的。

法西斯的形成，需要一套嚴密的制度，龐大的統治機器，並進而達到「領袖崇拜」的要求。

但是，今日的臺獨運動有這種現象嗎？主張獨立的人會被判重刑，獨立運動還是弱勢團體，甚至在島內還沒有推動臺獨的常設組織。如果硬將臺獨冠上法西斯，這未免太抬舉臺灣獨立運動。

一個負責任、有擔當的政治人物，除了高喊政治口號之外，更應該明確定位自己的政治理想，尤其在臺灣面臨前途選擇的難題時，我們更期望臺灣的政治人物不要和稀泥，見風轉舵，勇敢提出自己的看法，就像吳淑珍提出的「新憲法、新國家、新人民」的質詢，朱高正提出「從自決原則談聯邦制的可行性」，不要只會躲躲閃閃，賣弄文字遊戲。如果連臺灣人民面臨的前途抉擇，都要含糊其詞，揣摩統治者的動態，那麼，我們寧可不要這樣的「民主人士」。

獨立建國是溫和、彈性、現實的政治決定

——巴勒斯坦宣布建國的啟示

■鄭南榕　全元時代週刊第二五一期（一九八八年十一月十九日）

「我們要的是和平，一個各方面立足點平等的和平。」十一月十五日凌晨，巴勒斯坦人從散處各地的難民營中站起來，集合起來宣布獨立建國。這是阿拉法特[33]領導下的巴勒斯坦解放組織，經過二十四年的奮鬥不懈，在尋求民族解放運動中所建立的最重要的里程碑。

阿拉法特的立場堅定而明白。他指出，巴勒斯坦人不是一群難民，他們屬於一個國家。只有一個和各國平等往來的巴勒斯坦國，大家才能在一個平等的立場上尋求和平。他說，獨立建國之舉，是溫和的、彈性的、合乎現實的政治決定。他甚至提到：「希望大家明白，我永遠可以重新走回阿拉伯民族會議（以游擊戰否認以色列生存權）的老路，如果這種溫和手段行不通。」

在宣布獨立建國的同時，阿拉法特亦表示他們將放棄摧毀以色列國的傳統立場，進而根據一九六七年聯合國安全理事會第二四二號決議案，一方面承認以色列的存在；一方面主張以色列自約旦河西岸及加薩走廊占領區撤軍，將該地區交給獨立的巴勒斯坦國。

這個沒有國土、沒有疆界、沒有國民，似乎建立在荒謬之上的巴勒斯坦國，即使已在數天之內獲得回教世界諸國的承認，但是面對猶太人活躍異常的西方列強，我們可以預見她仍然前途多艱。不過，阿拉法特的說法是對的。從一個出沒各地難民營，充滿仇恨及報復情緒的恐怖游擊隊，提昇爲一個有主權人格，充滿自尊心的獨立國家，確實代表著他們將朝向一個更溫和、更彈性、更實際的路線。「而這正是西方多年來鼓勵我們走的路。」阿拉法特甚至這樣說。

巴勒斯坦人的獨立建國，恰在「臺灣政治受難者聯誼總會」發起「臺灣新國家和平改造運動」的前夕，確實是令人感到萬分鼓舞。

他們是一個流落散處各地的難民營合組成新國家；我們是一個被外來殖民者囚禁在牢籠裡猶待建立的新國家。他們拿鄰近各國的難民護照；我們拿的是沒有人承認的護照。像是沒有「演員證」的龍套角色。彼此走遍世界舞臺，都找不到一點立足之地。

臺灣人民和巴勒斯坦人一樣，在二次戰後即淪爲「難民」，從此即不斷爲尋求自己的國際人格奮鬥不懈。在這四十年中，證明了人們仍可以在沒有國際人格的荒謬狀態當中站立起來，建立一個有尊嚴的國家。從巴勒斯坦解放組織受到國際間的默認，接著阿拉法特受邀到聯合國大會發言，到今天的獨立建國，擺脫「難民」色彩。巴勒斯坦人已經向前跨了一大步。

臺灣人民的奮鬥也一樣動人，從早期島內志士紛紛落網，到六十年代海外臺灣人民風起雲湧的獨立建國運動，以至於今天在島內大倡「新而獨立的國家」，四十年來臺灣人民追求獨立的奮鬥薪火不斷，而且在國際間臺灣人民的意願亦受到相當的重視。甚至海外臺灣人組織已經能透過「遊說」或其他政治活動方式，影響各國對臺政策的制定。從許多跡象來看，臺灣人民獨立建國的希望，並不會輸給巴勒斯坦人民。

然而，巴勒斯坦國的建立，對臺灣人民絕不只是一種精神上的鼓舞而已。她其實給我們意義重大的啟示。

許多對臺灣獨立感到憂慮惶恐的人，總認爲獨立將立即帶來內部動亂與外來侵略的危機。反對獨立的人，更不斷挾敵自重，口口聲聲恫嚇說獨立是中國武力侵臺的藉口。以致獨立運動遲滯不前。但是，阿拉法特給了我們一個全新的思考的角度。他告訴我們，獨立建國才是和平的開端，是從激烈的恐怖游擊主義回到理性溫和的政治談判路線。這才是一個令人從傍徨憂慮中豁然醒悟的當頭棒喝。

如今我們要認清了。獨立不是禍源，相反的，獨立才有希望，獨立才能開始作一切溫和、彈性及實際的事。獨立了，我們才能改造內部，修和外交，才能出頭天。

再引一段本社出版的《風起雲湧——海外臺灣獨立建國運動》一書中，一段令人感慨萬千的片段。「(一九六一年)八月四日是星期五，那天上午，在聯合國大廈對面第一街和第四十二道的交角，站著十九個掛著抗議牌標語的臺灣人。『臺灣人？臺灣在哪裡？』過路的美國人搞不太清楚的問……。」這就是沒有國格的殖民地人民悲哀的寫照。我們應該仔細體會阿拉法特宣布的意義，記取這個教訓，讓我們也先建立新而獨立的國家。

33 Yasser Arafat（1929–2004），巴勒斯坦解放領袖，1994 年獲得諾貝爾和平獎。

走出文化救贖的第一步

——原住民拆除吳鳳銅像事件的省思

■鄭南榕　捍衛時代週刊第二五八期（一九八九年一月七日）

在一九八九年的降臨即將讀秒之際。臺灣的原住民以果敢而堅決的行動，拆掉嘉義車站前的吳鳳銅像，爲島上人民示範「除舊布新」的時代意義。

八八年最後一天，來自全島十一族的十餘位原住民，在長老教會及民進黨人士的配合下，將嘉義市火車站前的吳鳳像拆毀。由於銅像材質堅硬，加上當地近百名警力強硬干涉，使拆除工作橫生波折；但是他們鍥而不捨，以鋼索、電鋸及加足馬力的民進黨宣傳車，合力拖倒吳鳳銅像，使這具代表「大漢沙文主義」的統治象徵，登時四分五裂，狼藉滿地。

對於原住民的這一壯舉，我們應該喝采與羞慚。喝采的是，他們爲了維護原住民的尊嚴，以實際行動粉碎日本人一手捏造、國民黨發揚光大的「吳鳳神話」，這是原住民的光榮。羞慚的是，同是統治象徵的蔣介石銅像，全島數以萬計，臺灣人民不僅安之若素，而且敬禮如儀，正是我們這些被統治者的悲哀。

其實原住民拆毀吳鳳銅像的行動，並不能孤立來看。除了具有粉碎統治象徵的政治意義以外，更重要的，這是對於大漢沙文主義的文化迫害，所做的一種悲壯抗爭。如果我們不了解原住民文化在漢人文化的全面侵蝕下，瀕臨滅亡的危機；如果我們不知道原住民在漢人社會中，如何遭到百般剝削與歧視，我們便無法體會原住民在粉碎吳鳳銅像的那一刻，內心油然而生的民族尊嚴感。在原住民精神普遍失落的八十年代，他們所進行的一連串與吳鳳神話的抗爭，其實只是走出文化救贖的第一步而已。

對於原住民的悲劇命運，漢人無論如何必須負起最大的責任。漢人對原住民的壓迫，歷久經年，如今且愈演愈烈。我們很難想像，八十年代的今天，島上的漢人社會還依然對爲數四十萬的原住民，進行上自精神信仰下至勞力與肉體的剝削，使他們的語言面臨斷層威脅，人格蒙受空前異化。原住民何辜而遭此命運？

然而，如果我們更深入反省，則又發現極其弔詭的事實。那就是臺灣原有的漢文化，竟然也面臨與原住民文化相同的命運！在「大中國沙文主義」的全面侵蝕下，臺灣文化目前也遭逢空前的危機。這種種文化危機，導致一九八八年的臺灣文化現象，在五色繽紛之外，顯得異常空洞而浮泛，而這又與整個政治氣候息息相關。

我們不妨以蔣介石銅像爲例，以蔣介石、蔣經國爲首的國民黨統治集團，於一九四五年敗退占據臺灣之後，不僅在政治上對臺灣人民實施高壓統治，而且在文化上，以「大中國主義」的心態自居，以「發揚中華文化」自許，並全面對臺灣文化進行有計劃的壓抑與破壞。

於是，臺灣人民的母語不僅在官方刻意打擊之下，面臨斷層的嚴重威脅；臺灣人民的人格更蒙受前所未有的馴化、矮化與奴化。對於國民黨外來政權而言，蔣家不僅是神話統治、個人崇拜的政治象徵，而且更是其「大中國主義」的文化圖騰；因此全面戳破蔣家神話、全面拆毀蔣介石銅像，實際上也是臺灣人民走出文化救贖的第一步而已。

老實說，臺灣在文化方面的腐敗並不亞於政治，但卻鮮少有人加以反省，予以重建。教科書上的中國文明固然死去久矣，如今影響我們最烈的，無寧是中國文化最陰暗、最墮落的一面。至於臺灣本土的文化；原住民文化凋蔽不堪，客家文化日漸消蝕，河佬文化則是日益墮落。我們很難想像，如果國會全面改選之後，甚至於臺灣獨立之後，臺灣仍然迷信充斥、謊言當道、賭博橫行、人心沉淪，這將是什麼樣的諷刺局面？

我們並不是排斥任何外來的文化，但是應當確立臺灣文化的主體性。我們反對島上現存的任何文化集團，對其他文化集團進行壓抑與剝削，這是我們的基本信念。而更重要的，是認清本土臺灣文化當前的困境，並痛下針砭，期能新生，這是比政治改革更加艱鉅的工程，但卻是無法迴避的責任。

原住民拆毀吳鳳銅像，讓我們具體地看到文化壓迫與文化抗爭的縮影。在漢人強勢文化的壓迫下，拆毀行動其實是象徵意義大於實質意義。也許我們應該捫心自問：同樣是人，同樣是國民黨政權下的被統治者，同樣是「大中國主義」下的犧牲者，臺灣的漢人為何還對原住民如此不仁？痛定思痛，讓我們就從一九八九年開始，捐棄文化集團的成見，與他們共同攜手，致力建設一個有人性尊嚴與民族平等的臺灣新文化吧。

面對叛亂案的重刑，我們只有不敢怠懈而已！

■本社　捍衛時代週刊第二五九期（一九八九年一月十四日）

時序進入一九八九年，臺灣人民或許正以嶄新的心情，檢討以往，策勵來茲。一方面希望過去的錯誤與不幸，今年不再重演；一方面也期待新的一年有更大的政治突破。然而新年伊始，國民黨的軍特系統即首先發難，一手挑起無比荒謬的「新憲案」，目標直指臺灣輿論界直言不諱的本刊鄭南榕。這不僅使臺灣的言論市場，於開春不久即無端蒙上一股肅殺之氣，而軍人干政、司法不公、言論箝制等等八八年的政治夢魘，如今也藉「新憲案」而繼續肆虐，成爲八九年揮之不去的陰影。本刊雖是這場多事之秋的直接受害者，但「新憲案」絕不只是自由時代一家，或鄭南榕一人的事而已。我們必須以嚴肅而沉重的心情，全面檢討此一事件各種不尋常的訊息與意義。

本刊創辦人兼總編輯鄭南榕，因於《自由時代系列週刊》總號二五四期（該期名爲《發揚時代》），刊登許世楷博士的「臺灣共和國憲法草案」全文，不料竟引起國家安全局的注意，並指示法務部調查局「研究」鄭南榕刊登該文，是否涉及叛亂刑責。調查局除責由臺北市調查處進行「蒐證」之外，並協調臺灣高等法院檢察處對本案展開調查。據高檢處於今年一月七日表示，鄭南榕、許世楷兩人「共同陰謀以非法之方法變更國憲」，已涉嫌刑法第一百條「內亂罪」，與「懲治叛亂條例」第二條之罪。

這即是說，如果鄭南榕的罪名成立，他將被判處死刑；即使以「陰謀犯」定罪，他也至少會被判處十年有期徒刑。此外，有關單位亦考慮以「爲叛徒宣傳」的罪名法辦鄭南榕，如果此一罪名成立，依「懲治叛亂條例」第七條規定，鄭南榕將被處以七年以上有期徒刑。

這誠然是極其駭人聽聞的事。我們無法想像，刊載一篇文章，竟然會涉嫌「叛亂」，竟然會面臨少則七年重刑、多則槍斃死刑的生命威脅。當然，這是政治迫害的舊瓶裝新酒，但以下我們還是先就法條本身來力闢其謬。

刑法第一百條規定，「意圖以非法之方法變更國憲，而著手實行者，處七年以上有期徒刑。」該法條基本上是爲了維護現存政權而設計的。法律學者，文化大學法研所所長王志文教授即指出，以臺灣的法律現狀來看，所謂「以非法之方法變更國憲」實際意味著「革命」、「臺灣共和國憲法草案」對某些人而言誠然敏感，然而鄭南榕頂多全文照登，既未著手實行「如何變更中華民國憲法」，更沒有著手實行「如何以非法方法變更中華民國憲法」，當然更談不上「革命」！把轉載許世楷個人關於臺灣憲法的意見，視爲鄭南榕正著手變更「中華民國憲法」的行動，這種無限曲解，遠遠超乎神智正常的人民想像之外，卻是那些習於「憲盲」與「法盲」的軍特系統的「叛亂邏輯」。

「懲治叛亂條例」第七條規定：「以文字、圖書、演說為有利於叛徒之宣傳者，處七年以上有期徒刑。」王志文教授表示，「宣傳」本有「超乎事實」的含義，如果只是據實刊登原文，則叫做「刊載」，此理不辯自明。姑且不論「懲治叛亂條例」本身即是應該打倒的惡法；即使「依法究法」，則臺灣的輿論界勢必難逃全面「戡亂」之劫。事實上，「懲例」第七條自「解嚴」後已極少引用，如今卻突然被考慮拿來亂套「新憲案」，正好說明幕後劊子手在羅織鄭南榕罪狀方面，是如何無中生有，也如何黔驢技窮。

而這一劊子手，自然非國民黨的軍特系統莫屬。「新憲案」由國安局一手挑起，並指示調查局「研究」，再由調查局協調高檢處偵查，完全悖逆現行的刑事訴訟程序。如果對照去年十月三名軍方將領密集控告鄭南榕，則軍特是如何「著手實行」他們的獵殺鄭南榕計劃，實已昭然若揭。去年歲終，軍特以蠻橫的暴力綁架民進黨國大代表；不過數日，又指揮司法機關研究如何「懲治」臺灣唯一敢戳穿軍方神話的雜誌主持人，這種不擇手段欲除反對意見而後快的作風，其實便是臺灣民主政治與言論自由的最大隱憂。

釐清這些假司法與眞迫害的紊亂糾葛之後，我們自然觸及本案的問題核心：臺灣究竟有沒有言論自由？國民黨宣稱臺灣的言論「百無禁忌」，但是一本堅持反對理念與體制外批判的政論雜誌，前後歷經不計其數的停刊與查禁；一個面對威逼利誘毫不妥協的新聞人，無辜遭到有計劃的政治迫害與死亡威脅！臺灣新聞媒體宣稱這是資訊爆炸的社會，但是軍方醜聞卻無人敢予揭發，臺獨言論視爲禁區，整個政治的黑暗與墮落面，至今仍然是資訊死角！這種種臺灣新聞界的「侏儒現象」，我們只有深深感到悲哀。

在舊神話與新謊言交織互補之下，一九八九年的言論市場，也許仍是熱鬧有餘而眞實不足。在國民黨統治下的臺灣人民，雖然有痛罵三字經洩恨的自由，但是距離眞正的言論自由境界，卻是如此遙不可及。每念及此，我們只有不敢怠懈而已！

這是考驗「人性」與「理性」的時刻！

——面對「叛亂案」，鄭南榕將抗爭到底，歡迎聲援

■本社　捍衛時代週刊第二六二、二六三期（一九八九年二月四日）

又是一年春節到來。在熱鬧的節慶氣氛下，全家團圓，笑語盈盈，多少人間歡樂盡在其中。然而，當讀者捧讀這本《自由時代》的時候，這本雜誌的創辦人兼總編輯鄭南榕先生，此刻卻可能已經遭到國民黨的政治迫害！

我們寧願輕描淡寫地陳述這件事：鄭南榕因為刊登許世楷博士的〈臺灣共和國憲法草

案〉，元月二十一日收到臺灣高檢處以「涉嫌叛亂」爲由的刑事傳票，傳他於二十七日前往高檢處應訊。鄭南榕堅信在民主國家中，刊登一篇憲法草案根本不可能涉嫌叛亂，因此拒絕這種非法傳訊。鑑於洪奇昌國代被非法拘提的前例，臺灣政治受難者聯誼總會已派員二十四小時輪流保護鄭南榕的人身自由。然而如果國民黨一意孤行的話，鄭南榕將不惜一切行使他的抵抗權。

記得蔡有全、許曹德兩人去年初被判刑十一年、十年之後，我們無比心痛之餘，曾希望這種因爲在組織章程列入「臺灣應該獨立」六字，而被處以叛亂罪刑的荒謬案例，能由當事人的慘痛犧牲而使當局有所警惕。然而未隔一年，整個「蔡許臺獨案」的悲劇模式竟然再度重演，而這回居然是因爲刊登一篇憲法草案便告「涉嫌叛亂」，比起「蔡許臺獨案」更加荒謬離譜！這種「叛亂」案例，民主國家的人民是連做夢也想像不到的，而在臺灣卻是一再重演。誰曉得食髓知味的國民黨，日後又會找上哪一位「臺獨人士」，作爲它獨裁政權的祭品？

浩浩悲歌唱不盡。日前挺身而出發表《獄中日記》的新聞文化人崔小萍[34]，當年也是被情治單位誣以叛亂罪名而慘遭十年冤獄之苦。臺灣新聞界在一陣風報導之後，至今已遺忘殆盡。如果這麼慘痛的冤情，只是換得新聞界短暫的廉價同情，與社會大眾的冷漠反應。那麼崔小萍又爲誰犧牲呢？如今鄭南榕即將走上崔小萍的老路，我們卻看不到援手在那裡，難道目前的臺灣還是舊日那個「有的人該死，有的人不該死」的白色恐怖時代嗎？

即使我們極力把腦筋扭曲，還是無法想像出刊登一篇憲法草案，究竟如何構成叛亂罪。但臺灣的國安局輕而易舉地「想到」了，臺灣的高檢處也如響斯應地「發現」了，國民黨的情治與司法機關興致勃勃地要辦這個莫須有的「叛亂案」。在這種情況下，「人性」與「理性」是多餘的廢物。眞實存在的，是無理性的國家機器，進行一項精緻的殺人工程。

但是最可悲的，是進行這項殺人工程的竟然都是有血有肉的人。包括檢察官、推事、法警、霹靂小組、甚至於獄吏在內，他們都將執行一項「上級」交代的任務：解決鄭南榕。他們在政治黑手指揮之下，必須環環相扣地把鄭南榕辦到底，不容許任何細節因爲「良心」因素而逸出控制，否則他們會失去飯碗。甚至他們也必須說服自己：鄭南榕罪有應得。這樣一個人性備受扭曲的極權統治體系，才眞正是「臺獨人士」終身反對的對象。

眞正負責的臺獨主張者，絕不是空喊臺獨口號了事。他必須提出臺灣獨立的建設藍圖，致力於宣揚臺灣獨立理想的工作，最後付諸全島人民的公決。在這種前提之下，臺獨論者根本即肯定人民有言論自由與民主自決的權利，而與國民黨的愚民專制作風迥異。臺獨人士可以像政治犯一般被人誤解，但他們熱愛臺灣的心腸，與改造臺灣成爲有人性尊嚴的民主國度之主張，卻不容許有心人士蓄意抹煞。

每當看到民主國家的政府與人民，如何認眞地在從事國家建設，他們恨不得讓它更好的精神，我們見了只有難過的分。一個不知民意何物的外來政權，一個扭曲腐化的臺灣社會，與一片茫茫的臺灣前途，這就是我們立身處世的地方。任何一個有反省能力的人，多少都能體會屬於臺灣特有的「國不成國」、「人不成人」的悲哀。現實社會的人儘管忙碌，終究無法驅趕他們心中的政治陰影，除非他們和整個扭曲的社會體制徹底妥協。然而現實的演變是極其無情的，如果不及時改變現狀，臺灣人民將有等到社會發腐發臭之後，噬臍莫及的那一天。

在這個時代，愛上臺灣與爲臺灣痛苦往往是同一剎那伴隨而生的兩種感情。然後，如果誰忍不住要爲臺灣打拚，就註定要走上孤獨的路。無數仁人志士爲臺灣坐了年深歲久的冤牢，卻在他們出獄之後掙不回清白與公道，這是令人深深絕望的人間世景。人們與其在大錯鑄成之後長歎一聲，何不在大錯將成之前極力挽回。兩千萬人的長歎，絕不可能使獨裁者軟化；但兩萬人的憤怒示威，卻可以讓獨裁者不敢爲所欲爲。

如今我們看到的情形是，國民黨肆無忌憚地揑造「叛亂案」，並假手司法狠狠打擊一個熱愛臺灣的新聞人士。這已不是鄭南榕一人或自由時代一家的不幸而已。我們誠懇呼籲，爲了不讓蔡許臺獨案、崔小萍案的悲劇再度重演，請各界人士勇敢挺身而出，以疼惜臺灣的心情聲援鄭南榕先生。

34 1923-2017，戲劇工作者，1959 年曾獲亞洲影展最佳女配角，1968 年遭人誣陷爲匪諜，入獄十年。

為言論自由之役奮戰到底

——從國民黨五項「新聞指示」談起

■鄭南榕　鄉土時代週刊第二六六期（一九八九年三月四日）

二月二十五日，全臺灣除了電臺之外最不長進的新聞媒體——三家電視臺新聞人員，接到來自國民黨文工會的五項「新聞指示」，並且如響斯應，立即據以處理此後數天的電視新聞。這五項指示包括：一、布希訪問中國以「乾稿」處理；二、刑事嫌疑犯以「素描」處理；三、自力救濟新聞「淡化」處理；四、色情、妨害風俗新聞「禁止」播出；五、二二八活動一律「不准」報導。

在國民黨統治之下，「白日見鬼」的事早已司空見慣，因此我們對於該黨文工會公然向電視新聞自由開刀一事，原是見怪不怪。我們認爲，三臺新聞至今依然不脫愚民政策、鴕鳥作風的老調；其希意承旨的程度雖有不同，但作爲國民黨傳聲筒的本質，三臺皆然，並不因「解嚴」而有所改變。當然，這則新聞也一針見血地說明國民黨是如何視言論自由爲芻狗，其對新聞的專制心態與「解嚴」之前也沒有「改善」。如能了然於此，則國民黨文工會的倒行逆施與三臺新聞部的俯首貼耳，當不會令人感到訝異。

無可否認，三臺新聞近年來確有小幅度的改善，但多屬技術層面，談不上眞正的新聞自由。其中容有一家新聞較具突破性，但若逢「上級」交代，也隨時可以出賣觀眾「知」的權益，充當政治宣傳工具。反正在國民黨特許之下，聯合壟斷臺灣電視媒介的三家電視臺，本身即是徹底的特權事業；而國民黨的各項指示與禁令，又恰恰是保護三臺聯合壟斷市場的交換條件，因此除非有眞正的「民營」電視臺與之競爭，我們不必奢想三臺當局會爲新聞自由而向國民黨展開抗爭行動，何況三臺董事長高居黨內要津，三臺總經理更是軍系人馬！

在這種情形下，比較值得喊話的對象或許是三臺新聞從業人員。但他們也是既得利益者，要他們擱下飯碗爭取新聞自由，那是過於天眞的想法；在他們心中，不實報導所造成的龐大社會成本負擔，基本上無關乎個人痛癢。因此臺灣人民對於國民黨剝奪新聞自由的抗議之計，是與其聲援三家「阿斗」電視臺，不如徹底抵制它們，以實際的「罷看」行動向國民黨具體施壓。否則在口頭抗議之後，「電視機前的觀眾」還不是要天天以半信半疑的態度，收看似眞似假的新聞！

電視如此，報紙情形也只是五十步笑百步。且不論兩大報隨時可以搖身變爲標準的黨報、軍報嘴臉；即使小報容有較多新聞彈性，但皆安於現行違憲的新聞法規，很少主動打破國民黨的言論禁忌。我們很難想像，一旦國民黨再度緊縮言論尺度，全面打擊言論自由，有多少報紙能免噤聲閉口的「奴才命」?就目前文工會採取的強硬態度來看,報紙是否會繼電視之後,成爲下一波遭到言論管制的對象?實在令人關切。

自從李登輝在除夕發表打擊「脫序」的電視演說後,各種「怪事」便層出不窮:民進黨中央黨部遭到破壞、工會幹部遭到開除、反對派人士遭到無理收押、民進黨國代遭到警方毆傷、甚至臺大學生紀念二二八也遭到警方刁難;與此同時,則是李登輝、李煥、俞國華、羅張等國民黨高階人士密集發表打擊「脫序」、重建「公權力」的談話。在這種山雨欲來的情勢之下,文工會「適時」向新聞界祭出言論自由的禁令,其用意不言可喻。

我們認爲,李登輝接二連三的強硬政策指示,已造成國民黨鷹派與保守勢力的抬頭,在這種情形下的言論自由是毫無保障的,臺灣新聞界自然不能以事不干己的態度,坐視右派勢力蠢蠢欲動。布希新聞誠僅一時而已,但有關單位自欺欺人的新聞干涉,絕不會因爲布希離開中國便告中止;至於二二八與自力救濟新聞的「指示」,更充分暴露國民黨的戒嚴心態,這種心態隨時可以化爲獨裁統治的巨靈，在這塊民主自由養分尙未充足的土地上繼續肆虐。然而可怪的是，臺灣新聞界雖然對文工會的新聞指示感到不可思議，但對於李登輝、俞國華等黨政巨頭的強硬談話，和國民黨日漸高張的反動聲勢，卻視若無睹，很少有人敢攖其鋒予以痛切批評。

這說明臺灣的新聞自由畢竟有限。而有限的新聞自由，對外不足以客觀報導，對內不足以捍衛自保；既無以取得人民的充分信賴，又無以抵禦政治勢力的侵犯，這就是臺灣新聞媒體的莫大悲哀。然而如果認爲臺灣的新聞媒體會爲此悲哀的話，那又大謬不然。臺灣的新聞媒體在國民黨扭曲的新聞體制下早已變成「奴才」，除了極少數尙在爲新聞自由的實現採取或攻堅、或迂迴的方式奮鬥之外，絕大多數的新聞媒體已與三家電視臺無異，無非都是特權媒體與安於現狀的既得利益者而已。

當然，光責備自私自利的媒體於事無補，人民對於他們有「知」的權利尙未全面覺醒，甚至人民對於其基本人權遭到剝奪與限制都不痛不癢的時候，言論自由的眞正實現無異高調。但那些不希望二二八事件重演、不希望獨裁統治巨靈復出噬人的新聞鬥士，仍將繼續爲言論自由之役奮戰到底。

35 1917–2010，曾任行政院院長，1989年時爲國民黨中央委員會祕書長，當年曾與李登輝展開政權鬥爭。

落實對臺灣命運的終極關懷

——《自由時代》創刊五周年有感

■鄭南榕　鄉土時代週刊第二六七期（一九八九年三月十一日）

終於，自由時代週刊昂然邁進第六個年頭，在多事之秋的此刻。

回首來時路，五年的奮鬥歷程。猶如一頁爭取言論自由的風雲滄桑史，在國民黨當局高壓的言論箝制之下，本刊自創刊迄今，歷經四十次停刊、百餘次查禁。十次言論官司，一次槍口對準人身，並遭逢不計其數的監視、監聽與騷擾。在這種有形無形的政治迫害下，本刊依然一本批判色彩與爭取百分之百言論自由的精神，獨立撐持至今。環視臺灣的反對派刊物。能延續言論自由的香火而五年不斷者，也只有自由時代碩果僅存而已。

當然，這是拜讀者對本刊的堅定支持所賜。我們熱心的讀者，雖然自始未曾謀面，但他們從臺灣各個角落（當然也包括海外），以精神與行動熱烈支持我們，與我們共同度過恐怖陰影揮之不去的一九八四年、民怨沸騰的一九八五年、自力救濟頻頻的一九八六年、社會運動蔚爲風潮的一九八七年、一九八八年的挫折與焦慮，與一九八九年迄今政治局勢的逆轉。未來發展是難以逆料的，但我們始終堅信唯有靠人民力量的全面覺醒，臺灣才會有公理正義降臨的一天。在此之前，民主自由的路依然崎嶇遙遠，誠盼讀者繼續支持我們，讓本刊繼續一本宗旨，爲自由做先鋒，爲時代做見證。

所以，與其說我們在此紀念創刊五周年，不如說是藉此機會更加鞭策自己。五周年的辛苦經營，比起臺灣人民的長期憂患，又何足以自憐自滿？無謂的樂觀與悲觀，恰恰是對世事無知的反應；我們寧願以更嚴肅而認眞的態度，來看待臺灣當前的問題。因此，我們對於統治當局及現行政治體制堅持強力的批判，不爲假中庸主義者的鄉愿作風；對於反對陣營與反對人士的期許，強調可大可久的運動目標與路線，不以一時的政治利益分霑寫滿足；對於社會與文化的種種病象，以人性爲出發點喚起臺灣人的心靈，並從扭曲的體制上加以針砭。

爲了落實對本土的關懷，本刊更進一步打破統治當局最大的言論禁忌，積極提倡臺灣獨立的理想。雖然本刊爲宣揚臺獨所付出的代價，比起批判統治當局與戮破軍方神話爲鉅，所受的誤解更非其他新聞刊物所能想像，然而本刊對於這些迫害與誤解的因應之道。便是從各層面將臺灣獨立的眞義。作最淋漓盡致的闡揚。一本獨立自主的新聞刊物，斷無將其政治觀點與立場遮遮掩掩、避重就輕，以取悅統治當局之理。

這不是慷慨激昂的豪情話，而是在本刊多年爭取言論自由的深刻經驗中，所獲得的珍貴啟示。我們認爲，人民與其仰統治者鼻息期待他們「發恩施仁」，不如標舉鮮明大旗，以正義公理的訴求向統治當局積極抗爭。在這種情形下，任何企圖以投機、敷衍、造騙等手段，藉此機會在統治者與被統治者之間左右逢源的人士，必將在關鍵時刻出賣被統治者的利益，或在日後成爲掠奪勝利成果的新統治者，徒使反對運動遭受挫折，造成無可彌補的損失。因此，凡是以爭取言論自由爲宗旨的新聞刊物，當無在言論箝制的縫隙中鑽營，並以鄉愿搖擺的作風經營刊物之理。

其次，爭取正義與公理理當即知即行。而非坐待統治者時緊時鬆之際，思謀或激進或保守的行動。

這些道理雖然淺明，但是放諸臺灣報刊市場，卻絕少有符合如此標準的刊物。政治勢力的強大壓力與新聞業者的喪失操守，使我們格外警惕。因此，我們只有在言論自由的爭取過程中時時自勉，並不爲各式各樣的壓力與壓迫，而放棄身爲反對派刊物應有的原則。

在堅持原則之下，本刊創辦人兼總編輯鄭南榕官司纏身，並因爲刊登一篇憲法草案而受到「叛亂」案的司法迫害。雜誌正在多事之秋，而五周年驀然至矣！在將來的第六個年頭，我們仍將在既有基礎之上，繼續爲言論自由打拚，並本著對臺灣命運的關懷，繼續以實際行動落實臺灣獨立的理念。

鄭南榕語錄

打破威權、人民覺醒

1986.6.30

任何一個國家的民主運動，都必須靠該國的人民自己來推動。任何一個國家的政治苦難，都必須由該國的人民自己來承當。任何一個國家的民主目標及鬥爭策略，都必須靠該國的人民自己來決定。任何一個國家的民主障礙，都必須靠該國的人民自己來克服。

而這一切的一切，都不是可以由外國友人來代勞的。

——**〈自己的民主，自己打拚〉**

1986.7.28

最重要的，便是恢復臺灣人民的主權者地位，使自己成爲釋放這個島上各種力量，促其進步的「開發者」——DEVELOPER，而不是爲人驅使，剝削，成就獨裁者富貴的「THE EXPLOITED」。

——**〈已開發？〉**

1986.12.29

李遠哲只說了一句「非學術性」的話，就是「大學生應該翹課」。這句話乍聽之下，平淡無奇，誰知蔣政權竟然大起恐慌，迅速發動一堆「專家學者」，進行「消毒」。

蔣政權爲何對翹課論調如此的歇斯底里？理由很簡單：他們自己知道得很清楚，在臺灣的大學課程中，確實有許多是不值得一上的。

不值得一上的課程中，大半是蔣政權特地設計來禁錮臺灣人民心靈之用的。我們可以很明確的指出：他們在臺灣推行的所謂「德育」、「民族精神教育」，基本上都承襲中國帝制傳統的餘緒。它們所宣揚的價值理念，都是和現代工商社會相牴觸的。它們故意不讓臺灣人民接觸到正確的民主常識、法治理念，以及獨立思考的技巧。

李遠哲的翹課論調，固然不一定是針對上述課程而發，但從蔣政權過分激烈的反應中，我們可以斷言，他們把這些反時代潮流的課程，視爲統治的基礎。

——〈期待更多的李遠哲〉

1986.12.22

蔣政權的法西斯性格，極端的蔑視個人尊嚴，而這正是強調集體主義所必然產生的偏差。在蔣政權的眼中，黨籍議員，如同黨籍軍特一樣，都是服務政權的工具。只不過政權本身，戴著「民族」、「國家」、「本黨」的假面，堂堂皇皇的作個奴隸主罷了。

——〈罷選，是根本原則問題〉

1987.5.30

民眾參與五一九示威，目的是要阻止國民黨制訂國安法——因爲該法是國民黨用來維持其一黨一姓專制統治的工具。這一統治工具的厲害之處在於一旦你接受了它，便永無翻身之日。暴政之爲暴政，乃在於它不道德、不正當，卻又不准人民反對它、抵抗它。

在這種情況下，人民唯有依恃天賦權利及「實力」，去衝撞國民黨違反民主原則的各項惡法，才能免於陷在「合法不得抗議，抗議便不合法」的動彈不得的困境。

——〈臺灣人民七月一日自動來遊行！〉

1988.1.30

接著再從「人」的角度來看。我們的原則是「打破偶像崇拜，拆穿神化面具」，以前蔣家的「天威」必須摧毀，現在的總統將只是一個坐在「總統位子」上的「平民」。他必須繳稅，盡所有公民的義務，而且爲了徹底破除偶像和父權崇拜，早日在臺灣建立民主政治文化，我們建議李登輝先生立刻公布其個人財產。

——〈光明正大超越蔣經國，請李登輝公布個人財產〉

1985.4.22

在這樣的警察國家裡，你作個順民他還是要敲你門的！

——〈只要你也來加入黨外——江南命案大審的感想〉

1985.8.24

倘若一個政權已經衰敗到必須派兵上街，才能略保其威信，那麼它的存在，對這個社會而言，顯然是個負擔，是個累贅了。

——〈突破蔣家的心理制約，從頭尋回自我意識〉

1988.9.24

在體制暴力瘋狂濫行的狀況下，即使冷眼旁觀的人，也不可能找到安全的地方。

——〈你不可能永遠當觀衆——「五二〇」司法審判的省思〉

1988.11.26

氣焰張狂的獨裁者反映出一群苟且偷生的弱質老百姓。這是我們捫心自問，不能不感到丟人現眼的事實。

——〈全斗煥低頭，南韓人抬頭，臺灣人民何時出頭？〉

1986.6.2

長久以來，在國民黨一黨專政之下，幾乎壟斷了所有的政治資源。人民成爲馴服的羔羊，忘了自己才是眞正的主人。

——〈請您來作自己的主人！——為百萬大簽名運動催生〉

1987.7.4

再深入去看韓國的經驗，我們深深體會到靠暴力起家的政權，只崇拜暴力，只向比他更強大的暴力低頭。

——〈為韓國人民歡呼！為臺灣人民呼籲！〉

1985.6.3

施明德先生說他自己是一個「卑微的，被統治的臺灣人。」殷海光先生則批判得更露骨，他說臺灣社會「一般人的個性都變了殘廢，人格腐爛，他們大多數人不能信守生物層以上的任何原則。」這是指我們活得像畜牲一樣，沒有尊嚴，沒有思想，沒有血，沒有淚，沒有「行動」，不能活得像人的式樣。

再這樣下去，我們便要失去作「一名平等地位的世界公民」的資格，我們必須要有覺悟，要有行動。兩個月來，每想起施明德和黃華兩位先生先後絕食，我不得不呼籲黨外以「組黨」的具體行動來感念他們兩位，及無數前輩的奉獻。

——〈修直我們的道路，開步走！——為施明德、黃華的絕食行動喊話〉

1985.7.27

國民黨的挫折和退讓，都是遭逢來自外國的壓力。反而在島內，我們一直無法凝聚足夠的力量，迫使蔣家開放政權。反過來說，臺灣人民的順服，和其孜孜於製造財富的能耐，充分供養國民黨政權的活力，成爲它對外頑強，對內橫暴的「本錢」。臺灣人民任勞任怨的結果，反而「轉化」爲反噬人民的獨裁政權。臺灣人民愈是埋頭苦幹，愈是對世事不聞不問，就使得國民黨政權愈鞏固，愈嚴酷，愈張牙舞爪。古往今來的獨裁者，怕都沒有像蔣家這麼得心應手的吧？

——〈對國民黨沒有信心——當前臺灣困境的焦點〉

1985.10.14

十月，是早年的國民黨起義擺脫專制統治的日子。同樣的十月，我們這些誓與臺灣共存亡，不願被蔣家政權逼走的人們，也讓我們在心中立一個誓；一個自救的誓。

臺灣是我們的臺灣，絕沒有外人能逼得我們在這裡活不下去，反而要流落異邦的道理。

——〈十月的謊言，十月的誓言〉

1985.7.20

以消費者的觀點而言，身爲各種貨品及勞務的消費者，我們不僅沒有主權，而且被視爲犧牲品，尤其是我們的「政治消費」。我們納稅服役供養這個政府，爲的是「購買」他們的「政治服務」。然而我們的「政治消費」，換來的卻只是奴隸的地位而已。

進一步說，爲了提昇政治「服務」的品質；更爲了把我們這些政治消費者的地位，扭轉至「主權者」的位置，臺灣先輩的志士仁人付出了多少生命和自由。可惜的是，身爲消費者的廣大群眾，卻不能以積極的行動來參與，以至於所流的鮮血、所犧牲的生命，都歸於虛空。

拒絕購買廠商的貨品，是一件簡單的事，消費者不必擔心廠商的暴力對付，只要安坐家中就可決勝戶外。然而不「買」國民黨的帳，作一個有骨頭的「政治消費者」，絕不是「一小撮黨外人士」來扮演就能成功的。「政治消費」大眾若不能組織起來，不能積極行動，我們這一輩子別想「消費政治」，只淪落到被國民黨消遣罷了。

——**〈我們要「消費政治」，不要被「政治消遣」！〉**

組黨、反對運動

 # 1985.7.1

立即組黨！毫無猶豫地組黨！先找二百名不怕死的人當發起人，我也願爲那二百志士之一，國民黨抓去一個，就補齊一個，抓去十個，就補足十個，二百個統統抓走，重新再找二百個。

什麼叫作民主的鬪士，這樣就是！

要突破黨禁，質詢、抗議、謾罵都沒有用，有用的是你要有一顆對臺灣眞愛的心，一顆夠壯的膽子，一齊來組黨。

——〈有熱血、有膽氣，就組黨——呼應施明德的絕食呼籲〉

 # 1986.7.7

社會是複雜萬端的有機體。惟有冥頑不靈之人才會認爲可以用一個「萬能政府」來治理它。

臺灣未來的前途繫乎社會上各種自發性的力量。黨外只能賦予這些力量以一個方向，而不能取代它們。而這些力量則必須支持黨外，協助黨外達成組織化的目標。畢竟，一個足以和國民黨抗衡的強大黨外，最合乎臺灣人民的利益。

——〈一個強大的黨外，最合乎臺灣人民的利益〉

1987.1.19

過去，蔣政權強施黨禁，不許臺灣人民團結起來和它從事政治抗爭。因此，在那個時代，統治者與反對者之間缺乏明確的競賽規則；反對者彼此之間缺乏強烈的團隊精神。於是，當時的所謂反對運動，便是各地山頭英雄的單打獨鬥、各顯神通。這種政治抗爭模式對於臺灣社會整體而言，是成本極爲高昂的。

——〈民進黨損失什麼〉

1985.11.4

運動愈是陷入低潮，愈是紛擾不安，就愈需要組織與紀律的凝聚。否則，即使運動的聲勢再大，也只是一場噓頭而已。

——〈先組黨，再運動〉

1986.4.28

現實告訴我們，臺灣人必須掙脫的，是帝國主義和法西斯政權加在我們身上的雙重桎梏。政治運動只有自己幫助自己，不必冀望外來的奧援。

「五一九綠色行動」，除了表面上的抗議戒嚴第三十八年的意義，也希望臺灣人逐漸進入自覺的階段，學習動員的能力，在內外環境的壓力之中，不斷以自己的力量擴張運動的強度。在壓力之下成長茁壯，正是我們寄望於臺灣反對運動的方向。

——〈519 行動是自覺運動〉

1986.9.22

面對這樣一個在理性和道德層面上毫無立足之地，僅憑武裝暴力遂行統治的蔣家集團，臺灣人民唯一能做的是，盡全力去爭取百分之百的權利，作自己百分之百的主人。

除此之外，運動在一時之間的進退都不足爲慮，而一切爲了矯飾個人或集體怯懦的藉口，都是廢話。

——〈不動心〉

1987.1.26

在民進黨尚未成立的黨外時代，反對派人士通常不是代表個人英雄主義，便是代表派系利益。他們不管做什麼，總是單打獨鬥、各顯神通。他們缺少一個明確的、一貫的意識形態，因此他們沒有共識、沒有內聚力。他們雖可能迫於形勢，作權宜性的結合，但只要遭逢外來的壓力，或利益的衝突，馬上就會分裂，且永遠不斷的分裂，直到他們又回復到一個個單打獨鬥的黨外山頭的身分。

這種方式的反對運動，就像年節期間施放的燄火，雖然熱鬧壯觀，卻一場絢爛之後便消逝無蹤。這種方式的反對運動，既敵不過國民黨，也不是民進黨的對手。

——〈是原則之爭，不是派系之爭〉

1989.3.18

在剖開臺灣社會「百花齊放」的表象之後，我們才知道四十年戒嚴的凍土依然無比深厚，誰知道臺灣的反對勢力，原來不過是另一種形式的「浮游群落」而已？

——〈政治不民主，是因為犧牲還不夠！〉

1987.8.8

我們看到蔣政權，尤其是其中的軍隊與特務單位，不斷的對他們控制下的徒眾灌輸不共戴天的敵我仇恨意識。他們在這個島上散播禍亂的種子，製造白色恐怖，而自以爲得計。他們的確成功過。尤其多年來的恐怖統治，已徹底地摧毀臺灣社會中人與人的臍帶。除非在充滿集體興奮的群眾場合，臺灣的異議者大多只是孤單的，脆弱的，自我閉鎖的個體。面對暴力的威脅，大多數個人無法保護自己，也無法從反對團體得到支援，以討回公道。甚至，在面對制式暴力的時刻，連反對團體也難以自保。

——〈「反反制」是臺灣人民的權利〉

本刊文責一律由總編輯鄭南榕負責

 # 1985.9.21

我們要的是徹頭徹尾；不折不扣的自由。不論他們拔槍之後，何時開火，我們總要周旋到底，爭取百分之百的自由。

——〈槍口之下，我們依然爭取 100% 的言論自由〉

 # 1986.7.21

「你們今天審判我，就是審判新聞自由。」

——〈監牢，不是民主運動的終點〉

 # 1988.3.12

我們深信，所有的自由裡，第一個應該爭取的是言論自由，有了言論自由以後，才有可能保住其他的自由。也就是說，爭取了百分之百的言論自由之後，我們還有其他諸多種類的自由尚待爭取。

四年，只是一個小小的逗點，在此，我們渴切盼望，即使眼前是一條漫長、艱辛的道路，您也一秉往昔，和我們奮力邁前。直到愛和公義在這塊土地實現。

——〈四年辛苦不尋常——創刊四周年感言〉

1988.4.9

最後我們來看「服從」與「不服從」的問題。我們已經提到我們只服從有合法性的「東西」，不服從沒有合法性的「東西」。在這裡我們進一步說，一個「合法之法」得以執行，並可得到人民的遵守與敬畏，從而該法得以建立其權威性，而人民亦對之心悅誠服。久而久之，服從合法之法才會逐漸內化於社會人心，形成守法的公民文化，才能確保社會秩序的長治久安。這個境界，我們在此提出來共勉，將來臺灣人民出頭天之後，當全力朝這個目標共同努力。但是這麼文明的程度，我們倒是不敢寄望在國民黨時代就能達到的。

——〈不能合法立法，如何依法執法？〉

司法與人權

 # 1989.4.1

臺灣司法之淪落，是整個政治體制使然，若不在行政權方面，排除一切黨化力量的干預；在立法權方面，廢除一切不合時宜的惡法，則司法獨立將永遠渺不可得。

——〈「黨化」的司法永遠不能獨立——從「吳蘇案」判決看司法獨立〉

 # 1989.4.9

漠視弱勢者的受難，就是迫害人權的同謀。

——〈漠視弱勢者的受難，就是迫害人權的同謀——從洪基旺、陳維都遭司法迫害卻不見聲援談起〉

 # 1987.4.13

權利是爭取來的。但在封閉、落伍的現行體制之內，人民甚至連爭的機會都沒有。人民惟有利用示威、抗議等崇高的自然權利，直接向體制挑戰，才能逼迫國民黨放棄它的不當得利。

——〈419請扶老攜幼，一齊到總統府〉

1988.9.17

翻開歐洲近代史頁，可以見到英、德等國的民主化過程，「階級鬥爭」皆是極其重要的動力。階級鬥爭本身不僅是個尋求社會經濟公平分配的過程；而在尋求社會公義的同時，階級對立的結果，往往就是以民主的手段解決，亦即階級鬥爭有促使社會民主化的功能。從這點來看，我們必須對臺灣勞工運動作正確詳細的評估，再進而掌握時機運用這股力量，使臺灣達到眞正的民主化。

——〈正確評估勞工運動的發展——對民進黨成立勞工黨部的建言〉

認同、自決、獨立

 # 1986.5.19

如同我們向來強調的，「島內人民自己當家作主」，以及「臺灣與中國建立和平的關係」，是確保臺灣前途的兩大要件，也是當代臺灣人最重要的課題。具體的說，在島內從事反對運動，在國際間以臺灣人的身分發展平等且和平的對外關係，是目前每個臺灣人的責任。

——**〈要通，我們自己通〉**

 # 1987.4.25

我們必須在此嚴重警告，國民黨若不許臺灣人民自由表達政治意見，那麼我們也就只能悲觀地等待眞正的暴力衝突在臺灣社會中出現了。

——**〈我主張臺灣獨立〉**

1987.11.21

今天臺灣夾在國共兩黨反覆無常的鬥爭中，隨時有被中國併吞、被國民黨出賣的危險。自決是臺灣人民爲自己爭取民主的最佳手段。自決是全體人民經過自由表達意見、公開討論後，共同決定未來命運的民主程序。爲了保障這項民主程序可以圓滿的運作，人民有權利用言論自由、集會遊行的自由，以和平手段向全體臺灣人民宣揚各種政治主張。臺獨，是臺灣人民自決的選擇之一，不能主張臺獨，「自決」就變成「劃地自限」的假民主。

——〈不怕中共干預，只要臺灣自決〉

1988.5.21

一個像夢囈一般荒謬的自誇主權橫跨全中國的「中華民國」早已成爲世人的笑柄。臺灣暗無天日的龐大國防預算，則是國民黨榨取臺灣資源的藉口。臺灣的生存，有賴於丟棄「反共復國」的神話，重拾尊嚴，腳踏實地的以全新面目進入國際社會，並以和平開放友善的態度去與世界各國廣結善緣。

——〈黨軍有強人，民主看不見——從郝柏村接受「遠見」訪問談起〉

1987.4.25

我們觀察今天臺灣社會的現實，發現這種表達的自由格外重要。臺灣社會日益多元，轉型的壓力不斷增強。在這種情況下，臺灣未來何去何從？臺灣要怎樣才能繼續發展下去？這些複雜萬端的問題已不是國民黨一黨一姓所能解答的。要爲臺灣的未來找出最好的方向，惟有交付全民共同探討。因此，每一位臺灣住民都應該有自由、有權利去參與長期而且充分的「全民政治討論」。

——〈我主張臺灣獨立〉

1987.10.17

我們認爲國家是由領土、主權與人民三者所構成，三者之中，人民是最基本、最重要的因素。領土是人民所居住其上的活動空間，主權的行使是人民的託付。因此，所謂領土的完整與主權的行使完全決定於人民的意願。從這個「民主」的前提出發，一個國家領土的範圍，應該由其人民共同決定，而政府的主權是人民所託付，政府主權的行使就必須符合民意。換句話說，政府是受人民託付來爲人民解決問題的。因此政府應該以民意爲依歸，才成其爲政府，政府必須效忠人民，換言之，效忠人民是「國家」的天職。

依據「民主」的原則，人民能夠決定其領土的範圍，政府主權的行使必須以民意爲依歸。所以，如果臺灣全體住民同意在臺灣建國，行使其主權。或者在現實環境的考慮下，只有臺灣獨立才能開拓其國際關係，建立其國際性的政治實體地位時，所謂「政府」即應尊重民意，否則即是背離民主的獨裁政權。

——〈政府必須效忠人民——反對俞國華國土不容分裂說法〉

 # 1988.8.27

不論政治民主化運動或其他社會運動，必然都無法與「國家認同」的問題分離。

——〈全面展開「建國運動」〉

 # 1989.1.7

我們並不是排斥任何外來的文化，但是應當確立臺灣文化的主體性。我們反對島上現存的任何文化集團，對其他文化集團進行壓抑與剝削，這是我們的基本信念。而更重要的，是認清本土臺灣文化當前的困境，並痛下針砭，期能新生，這是比政治改革更加艱鉅的工程，但卻是無法迴避的責任。

——〈走出文化救贖的第一步——原住民拆除吳鳳銅像事件的省思〉

人民政治心理復健

1985.7.13

算一算，我們當中絕大多數人在成年以來，很少遭到外力加在肉體上的折磨和束縛，精神上也很少遇到直接的摧殘和鎮壓。這種種痛苦似乎只發生在某些陰暗的角落，或遙遠的地方。受苦的人我們不認得，我們沒有感同身受的切膚之痛，偶而我們也嘆息一陣，但是明知無濟於事，也就丟開在一邊。

我們的「小小心靈」能夠關切得到，我們的微弱的力量能夠照顧得到的範圍，實在太窄了。惟一的辦法，似乎只有把良心磨得鈍一點，學會閉明塞聰，才能在這個毫無公義的社會裡，苟延殘喘。在臺灣，被統治者沒有組織，無法動員社會資源來對抗獨裁者的制度化暴力，其結果必定造成個人人格和尊嚴的矮化，任由統治者宰割，喪失人文精神，墮落到畜牲一般的地步。

——〈「勢利化的愛心」解救不了黨外！〉

 # 1985.6.16

「一朝被蛇咬，十年怕草繩。」這只是一句極平常的俗語。但是印證在臺灣，蔣政權領臺初年的血腥鎮壓，四十年來確實在前後三代的臺灣人腦海中，烙下難以抹滅的恐怖的夢魘。即使是四十歲以下，沒有目睹當年血腥屠殺的新生代，在他們求學、服役、謀職的過程中，也無時無刻不感到心中那一得自遺傳的「政治恐懼症」，面對高壓的蔣政權，產生嚴重的挫折感。以致於臺灣人民政治人格的復健工作，比起其他地區，顯得格外艱辛——甚至比起鄰近的法西斯專制國家，臺灣人民政治意識的覺醒，都顯得格外的遲鈍。我們不難想見，蔣政權刻在臺灣人民心版上的創痕有多麼深重。

——〈保護民主生機，是我們的責任〉

1985.10.28

多少年來，黨外和開明人士不斷的鼓吹民主的觀念，甚至不惜犧牲生命和自由來作見證，終於在這個「普遍的懷疑」的層面上，看到民主觀念落實生根而開花了。對執政者的懷疑和不信任，正是人類社會所以需要民主制度的根本原因。從敢於懷疑開始，臺灣人民才能擺脫蔣家威權統治的陰影，培養出獨立自主的人格。

——〈建立「新而獨立」的政治人格——從唾棄黨內外的政客開始〉

1985.8.24

身為追求言論自由，站在第一線與蔣政權對抗的黨外雜誌立場，我們對該政權之與民為敵，更有切身的感受。蔣家迫害獨立的傳播媒體，從查禁、停刊、沒收、控告的手段，已於數月前變本加厲到指派軍警沿街布防，全面封鎖銷售通路的地步。這種蠻橫的反動行為，固然教我們在財務上損失不貲，然而更令我們啼笑皆非的，是親眼看著蔣家動員軍力，來對抗一群手無寸鐵的文人。倘若一個政權已經衰敗到必須派兵上街，才能略保其威信，那麼它的存在，對這個社會而言，顯然是個負擔，是個累贅了。

這個政權的存在，是個不必要的「惡」，而它的恐怖統治，使我們變得不問世事，放棄對抗統治者，甚至以移民及資金外逃，以與自己的土地與社會疏離，確已嚴重戕害臺灣人民的人文精神，使我們喪失獨立自主的人格與尊嚴。這種傷害，即使國民黨不存在，也將遺毒長久。我們不斷地呼籲大家在與蔣家政權的鬥爭當中，逐漸建立人民主權的觀念，即是要掃除蔣氏朝代的流毒，重建臺灣人民精神基礎，爲日後走自己的路作心理復健，希望我們不要等閒視之。在每日反省之際，突破蔣家的心理制約，從頭尋回自我意識。

——〈**突破蔣家的心理制約，從頭尋回自我意識**〉

1987.12.19

事實上，一個瓦解中的腐朽封建政權在崩壞之際，總是在野者義旗紛舉、群雄並起的局面。即使在今天的臺灣，我們依然可以用相同的指標來測量臺灣住民自救自決的前途。具體來說，臺灣住民的命運並不繫於反對陣營是否只有一面旗幟，一個聲音；最重要的是，有多少臺灣住民能夠儘速的從蔣政權多年的禁錮之下幡然覺悟，覺悟到自己在蔣政權的統治之下，根本沒有人的尊嚴，根本不是人。

──〈反對軍人法西斯政權──南韓大選的啟示〉

今昔對映，言猶在耳

1988.2.13

在當前不可遏止的，繼續邁向更自由、更民主的潮流推動之下，率先回饋社會的需求，主動放開手、主動退一步，是國民黨唯一自保保人之道。具體的說，開放的步調愈不勉強，愈不被動，就愈能保護國民黨免於在狂瀾衝擊之下慘遭滅頂；同時也能使臺灣社會免於激烈革命所必須付出的鉅大代價。

——〈李登輝切勿執迷——從李登輝「指示」郝柏村干政談起〉

1985.3.25

……這一類型的「忠黨愛國」人士的「政治思想」裡頭，根本沒有「民主」兩個字！

——〈愛國，不是「愛」蔣經「國」——「忠黨愛國」，愛死多少人命〉

1985.3.25

在民主國家，政治以人民爲主，政府是爲人民而設立的，總統當然也是爲人民而設立的職位。因此，「國家元首」只是爲人民而設立、爲人民服務的政治領袖而已，絕不是人民的「空氣」。因爲一旦國家元首是人民的「空氣」，他死了，人民豈不是要跟著死光了？

——〈愛國，不是「愛」蔣經「國」——「忠黨愛國」，愛死多少人命〉

1987.3.23

說到「言論自由」，國民黨總是說「混淆視聽，打擊民心士氣」；說到「結社自由」，國民黨總是說「製造分裂，破壞團結」；說到「集會、示威、罷工自由」，國民黨總是說「騷擾滋事，陰謀暴亂」。國民黨爲遮掩它種種違反憲法的行動，四十年來，不僅利用戒嚴，從外在限制人民行使憲法權利，更透過長期洗腦，從內在癱瘓人民行使憲法權利的意志。

——〈走上街頭，行使憲法權利〉

1989.2.4

但是最可悲的，是進行這項殺人工程的竟然都是有血有肉的人。包括檢察官、推事、法警、霹靂小組、甚至於獄吏在內，他們都將執行一項「上級」交代的任務：解決鄭南榕。他們在政治黑手指揮之下，必須環環相扣地把鄭南榕辦到底，不容許任何細節因爲「良心」因素而逸出控制，否則他們會失去飯碗。甚至他們也必須說服自己：鄭南榕罪有應得。這樣一個人性備受扭曲的極權統治體系，才眞正是「臺獨人士」終身反對的對象。

——〈這是考驗「人性」與「理性」的時刻！——面對「叛亂」，鄭南榕將抗爭到底，歡迎聲援〉

1987.7.11

然而，將人打進黑牢的，永遠不會「下詔罪己」，平反階囚。「平反」是我們自己的事。

——〈自己動手平反、赦免與復權〉

1986.3.31

在談論中臺關係之際，我們最大的資產，或是負債，都取決於臺灣人自己的態度。在這裡我們必須指出一個蔣政權多年來刻意塑造的「恐共症」。這個深植人心的病根，使臺灣人在面對強大的中國時，一再的畏縮。

——〈自決是中臺和平相處的起點〉

 # 1985.10.28

對執政者的懷疑和不信任，正是人類社會所以需要民主制度的根本原因。

——〈建立「新而獨立」的政治人格——從唾棄黨內外的政客開始〉

 # 1985.12.2

假如我們不能一蹴而得民主，我們至少可以先追求公義和人道。

——〈請支持小人物〉

 # 1986.3.24

只有人民的挺身而出，才能使獨裁者無膽施展其暴力。

——〈挺身而出，才能使獨裁者無膽施暴〉

 # 1987.3.23

走上街頭去抗議，不僅可以拆穿國民黨的國安法詭計，更可以矯治臺灣人民被國民黨所癱瘓的「權利意志」。另外，爲了要和國民黨的違憲體制長期對抗，爲了要讓臺灣的民主運動確實紮根，我們也應不斷走上街頭，直到臺灣人民像英、美等國人民，對於走上街頭這項憲法權利，不再少見多怪，而變爲「見多不怪」，習以爲常！

——〈走上街頭，行使憲法權利〉

1987.11.28

我們認爲，解決「臺灣前途問題」的最好辦法，就是百分之百實現民主政治，而不是強詞奪理強暴民主的所謂「遵守憲政基本秩序」或「遵行憲法」。只要讓民意充分表達，不論臺灣獨立、中臺統一或其他政治主張，都應該可以公開討論。經過公開討論，進而舉行全體臺灣公民投票的自決程序，如此所得到的「政治共識」，才能凝聚全體臺灣人民的向心力，求得臺灣人子孫萬世安樂的基礎。同時基於這樣的體認，我們不顧身家性命安全，提出臺灣獨立的主張，讓全體臺灣人民在國民黨的「統一政策」之外，有第二種的選擇。

——〈民主上臺，法統下臺〉

1987.2.16

解決的第一步是將整個事件的眞相公諸於世。任何一種仇恨，都必須透過深刻的了解，才能獲得諒解與化解。另外，我們也唯有透過以事實眞相爲基礎的討論，才能獲得眞正具有啟示性的「歷史教訓」，防止悲劇再度發生，並讓永久的和平降臨臺灣。

——〈以和平紀念二二八〉

附錄：

《自由時代》週刊改名歷程

日期	總號	週刊出刊名稱	發行人
1984/03/12~1984/05/28	001~012	自由時代週刊	林世煜
1984/06/04~1984/06/08	013~014	先鋒時代週刊	胡慧玲
1984/06/18~1984/06/25	015~017	民主時代週刊	顏錦福
1984/07/09	018	民主時代叢刊	鄭南榕
1984/07/16~1984/08/13	019~023	開拓週刊	葉菊蘭
1984/08/20~1984/11/05	024~035	發展週刊	周伯倫
1984/11/12~1985/02/13	036~051	發揚週刊	張貴木
1985/02/18	051-1	發揚週刊	鄭南榕
1985/03/04~1985/07/13	052~071	民主天地週刊	王鎮輝
1985/07/17~1985/08/31	072~085	自由時代週刊	林世煜
		民主天地週刊	王鎮輝
		★交替出刊，三天出一次	
1985/09/07~1985/11/11	086~095	民主天地週刊	王鎮輝
1985/11/25~1986/02/10	096~107	先鋒時代週刊	胡慧玲
1986/02/24~1986/07/14	108~128	民主時代週刊	顏錦福
1986/07/21~1987/01/26	129~157	開拓時代週刊	葉菊蘭
	★ 137~157 註記 「文責一律由鄭南榕之妻葉菊蘭負責」		
1986/12	機場事件特刊	開拓時代週刊	葉菊蘭
1987/02/09~1987/08/01	158~183	自由時代週刊	鄭南榕

日期	總號	週刊出刊名稱	發行人
1987/08/08~1987/09/05	184~188	自由時代週刊	林世煜
1987/09/12~1987/09/26	189~191	先鋒時代週刊	胡慧玲
1987/10/03~1987/10/31	192~196	發揚時代週刊	張貴木
1987/11/07~1987/11/21	197~199	民主時代週刊	顏錦福
1987/11/28~1987/12/19	200~203	開拓時代週刊	葉菊蘭
1987/12/26~1988/01/16	204~207	人權時代週刊	曾台生
1988/01/23~1988/01/30	208~209	公論時代週刊	劉會雲
1988/02/06~1988/02/27	210~213	新聞時代週刊	鄭肇基
1988/03/05~1988/03/12	214~215	全元時代週刊	廖永全
1988/03/19~1988/04/23	216~221	進步時代週刊	楊清山
1988/04/30~1988/05/28	222~226	創新時代週刊	田永人
1988/05	五二Ｏ特刊	創新時代週刊	田永人
1988/06/04~1988/07/09	227~232	創造時代週刊	葉善輝
1988/07/16~1988/08/13	233~237	爭鳴時代週刊	邱美緣
1988/08/20~1988/09/03	238~240	新潮時代週刊	張立明
1988/09/10~1988/09/17	241~242	自由時代週刊	林世煜
1988/09/24~1988/10/15	243~246	台灣時代週刊	江瑞添
1988/10/22~1988/11/12	247~250	先鋒時代週刊	胡慧玲
1988/11/19~1988/11/26	251~252	全元時代週刊	廖永全
1988/12/03~1988/12/10	253~254	發揚時代週刊	張貴木

日期	總號	週刊出刊名稱	發行人
1988/12/17~1988/12/24	255~256	民主時代週刊	顏錦福
1988/12/31	257	開拓時代週刊	葉菊蘭
1989/01/07~1989/02/18	258~263	捍衛時代週刊	林凌峰
1989/02/18	264	公論時代週刊	劉會雲
1989/02/25	265	寶島時代週刊	林美娜
1989/03/04~1989/04/23	266~273	鄉土時代週刊	蔡文旭
	★ 271~302 註記 「文責一律由總編輯鄭肇基負責」		
1989/04/30~1989/05/07	274~275	新聞時代週刊	鄭肇基
1989/05/14~1989/05/28	276~278	進步時代週刊	楊清山
1989/06/03~1989/06/17	279~281	戰鬪時代週刊	林曉霞
1989/06/24~1989/07/01	282~283	創新時代週刊	田永人
1989/07/08~1989/07/29	284~287	獨立時代週刊	林重謨
1989/08/05~1989/08/19	288~290	創造時代週刊	葉善輝
1989/08/26~1989/09/09	291~293	爭鳴時代週刊	邱美緣
1989/09/16~1989/09/23	294~295	新潮時代週刊	張立明
1989/09/30~1989/10/28	296~300	自由時代週刊	林世煜
1989/11/04~1989/11/11	301~302	台灣時代週刊	江瑞添

本刊文責一律由總編輯鄭南榕負責

示見 22

本刊文責一律由總編輯鄭南榕負責：《自由時代》雜誌編輯室報告文選

作　者　鄭南榕
選　文　鄭南榕基金會
總編輯　陳夏民
編　輯　陳雨汝
設　計　小子

出　版　逗點文創結社
地址｜桃園市 330 中央街 11 巷 4－1 號
網站｜www.commabooks.com.tw
電話｜03－335－9366
傳真｜03－335－9303

總經銷　知己圖書股份有限公司
地　址　台北公司｜台北市 106 大安區辛亥路一段 30 號 9 樓
電話｜02－2367－2044
傳真｜02－2299－1658
台中公司｜台中市 407 工業區 30 路 1 號
電話｜04－2359－5819
傳真｜04－2359－5493

印　刷　通南彩色印刷有限公司
ISBN　9789869817073
定　價　350 元
初版一刷 2020 年 6 月

國家圖書館出版品預行編目 (CIP) 資料
本刊文責一律由總編輯鄭南榕負責：<< 自由時代 >> 雜誌編輯室報告文選 / 鄭南榕著.
-- 初版. -- 桃園市：逗點文創結社, 2020.06　184 面；12.8 x 19 公分. -- (示見；22)
ISBN 978-986-98170-7-3(精裝)　1. 言論集　078　109005913